Mi diccionario

Primera colección de palabras

Educación Primaria
Primer Ciclo

Melitina Rivera González

ANAYA

En la elaboración de esta obra han intervenido:

Dirección del proyecto

Georgina Villanueva

Coordinación editorial

Paca Jiménez

Ilustraciones

Ana Cañas Pita da Veiga
Carmen García Iglesias

Diseño de cubierta e interiores

EFECE. Diseño gráfico, S. L.

Equipo técnico

Elena Cofiño
Victoria Garrido
Raquel Horcajo

Primera edición, marzo 1992
Segunda edición, septiembre 1992

Telémaco, 43 - 28027 Madrid
Depósito Legal: NA. 1.339 - 1992
ISBN: 84-207-4697-5
Printed in Spain
Imprime: Gráficas Estella, S. A.
Carretera de Estella a Tafalla, km 2
Estella (Navarra) - 1992

Prólogo

Todo lexicógrafo sabe muy bien que al elaborar un diccionario se le presentan, entre otras muchas, tres cuestiones difíciles de resolver: la selección del material léxico, su ordenación (alfabética, conceptual o ideológica, etc.) y la elección de los criterios de definición lexicográfica. Estas dificultades se multiplican si se trata, como en este caso, de un primer diccionario, destinado al uso directo y personal de los niños en la primera etapa en la escuela.

La autora de la obra ha resuelto muy airosamente todas las cuestiones. La selección léxica se ha hecho según los centros de interés que configuran el universo comunicable de los niños. Todas las voces incluidas en este diccionario remiten a campos referenciales concretos o que están presentes en el marco de sus experiencias sensibles, como corresponde al desarrollo cognitivo y afectivo de la primera etapa escolar.

Este diccionario no es una lista de palabras con su significado. Muy al contrario, se ha pretendido que las palabras adquieran vida en contextos reales, no sólo de naturaleza verbal, sino también visual y plástica. Para lograrlo, la autora ha ordenado el material léxico en unidades temáticas que se desarrollan en forma de historias, descripciones, etc. Con ello se ha conseguido que el vocabulario se actualice en contextos conocidos para los niños. La finura y sensibilidad de la autora conseguirá, sin duda, enlazar muy directamente con el mundo infantil de juegos, de aventuras, pero también de saberes básicos y de placeres estéticos.

El difícil problema técnico de la definición lexicográfica se ha resuelto por la vía más sencilla. La percepción del lenguaje que tiene el niño en edad temprana se basa en la relación directa entre el significante y el referente. Es más tarde cuando comienza el proceso sistemático de conceptualización. En un primer diccionario no cabe, por tanto, fórmula más acertada que ayudar a ese proceso uniendo las palabras a una referencia perteneciente al mundo de experiencias del niño. Sirvan de ejemplo los nombres de las estaciones del año; sus rasgos diferenciales atañen a tres referencias directamente observables: ir o no ir al colegio (cf. *verano, otoño*... "no ir al colegio", "comenzar el colegio"), a la experiencia sensible ("hace calor", "los árboles se quedan sin hojas") y al orden en que se suceden las estaciones ("el otoño sucede al verano"...). Esto es, las unidades de un campo semántico tan elemental como éste se definen no sólo por sus rasgos distintivos sino, ante todo, por la experiencia directa que el hablante posee de los significados.

El enriquecimiento del vocabulario se consigue, ente otros procedimientos, por el que podríamos llamar de acumulación sinonímica *(agradar* "es igual que *gustar"),* que se contextualiza cuando es necesario *(acudir* es *ir* como "acudir a una fiesta" o "acudir al trabajo"). Sin embargo, se prefiere que el usuario adquiera el significado de las palabras por referencia a acciones de las que él mismo pudiera tener experiencia. Todo ello expresado en un lenguaje directo, muy cercano al habla infantil para no distanciar el texto de la realidad en la que pretende insertarse. Ricos y variados son los procedimientos empleados para aumentar el dominio del léxico; entre ellos, la sinonimia contextual juega una función importante. Cuando la experiencia nocional es inmediata, se ofrece el sinónimo: *agradar* "es igual que gustar". Sin embargo, con frecuencia se prefiere acudir al propio universo activo de los niños para que en él se explique el significado de las palabras, confiando el proceso de reflexión conceptualizadora posterior a la intrusión del término en el vocabulario activo de los hablantes.

Notable acierto ha sido no olvidar que la palabra no sólo es una unidad de significado sino también una unidad gráfica. Cuando el hablante se inicia en el aprendizaje de la lectura y de la escritura es fundamental que perciba nítidamente las unidades que componen el "continuum" fónico que constituye la expresión oral. Esto significa que con la palabra se ha de adquirir también el dominio del mecanismo gráfico que tan importante es en el proceso global del aprendizaje lingüístico. La autora ha advertido esta realidad y ha incorporado procedimientos visuales para que se perciba el valor de ciertos signos gráficos, lo que enriquece la información.

Un diccionario es siempre una ventana abierta al mundo. La curiosidad es la fuerza vital del hombre desde su edad temprana. Para el niño cada descubrimiento de la realidad es esperanza de vida nueva. El maravilloso instrumento que el hombre posee para penetrar en la oscuridad de lo desconocido es el lenguaje. Las palabras nombran las cosas y las hacen nuestras. Ponerlas al alcance de los niños es ayudar a que se sientan más seguros en su andadura personal. Meritoria ha sido la tarea que ha realizado la autora para facilitar el aprendizaje del vocabulario infantil. Estoy seguro de que los usuarios de este primer diccionario sabrán agradecérselo.

José Jesús de Bustos Tovar
Catedrático de Filología Española.
Universidad Complutense.

Introducción

Este diccionario, pequeño, como pequeñas son las personas a las que va dirigido, ofrece una "primera colección de palabras", con la que se intenta algo más que desarrollar una mera actividad coleccionista. Aunque pretende cumplir la misión de todo diccionario —ofrecer explicaciones y definiciones de los vocablos que se consultan— además está concebido con una intención didáctica que va más allá de lo habitual en un diccionario convencional.

Entre los escolares de estas edades, son muy dispares las situaciones de aprendizaje. Distintas lecturas o distintos niveles pueden facilitar al profesor o a la profesora la tarea de adecuación del currículo a su alumnado, no sólo en lo relacionado con el manejo de un diccionario, sino también en lo que supone la elaboración de los ejercicios de enriquecimiento léxico, propugnados como objetivos de ciclo de la Educación Primaria, Primer Ciclo, en el área de la lengua castellana.

- Un primer nivel de acercamiento al objeto es la contemplación de las ilustraciones, pertenecientes a unidades temáticas que corresponden al universo nocional de los niños y niñas de estas edades.

- Un segundo nivel de lectura lo constituyen los pies de ilustraciones y de páginas, en los que pueden ejercitarse quienes ya saben leer.

- Un tercer paso, y el primero para capacitar en la consulta de un diccionario, se ofrece en la última página de cada unidad temática, pues en ella aparece, ordenada alfabéticamente, una relación de las palabras y expresiones de la unidad, con el procedimiento tipográfico consistente en destacar en rojo la primera letra en que una palabra difiere de la anterior.

- Por último, y es lo que hace que a este libro se le pueda denominar diccionario, contiene al final un repertorio de voces, adecuadas al nivel, y que de una u otra forma han aparecido a lo largo de las distintas unidades temáticas, con su correspondiente explicación o definición. Estas definiciones son un tanto heterodoxas, si se las compara con las de los diccionarios tradicionales, tanto por el modo en que están redactadas como por la ausencia de referencias de tipo gramatical. Únicamente aparece, en los casos de voces a las que se ha dado más de una entrada, el número de página en la que pueden encontrar, contextualizada, la palabra en cuestión, de modo que nos les quepa duda de cuál es la acepción en que está tomada al definirla. Además, para facilitar la búsqueda de todas las palabras en su contexto, se indica, al final de cada definición, la página o páginas del libro en las que pueden encontrarlas.

- En síntesis, lo que con este diccionario se pretende, además de informar sobre vocabulario, es ir, paso a paso, en la no fácil tarea de enseñar a consultar un diccionario. Esta, al menos, es nuestra intención y en ella hemos puesto nuestro empeño.

Para utilizar *Mi diccionario*, una primer

Desde la página 9 hasta la 168, ambas inclusive, el objetivo es doble:

- *enseñar vocabulario*
- *enseñar y reforzar el conocimiento del orden alfabético*

Página 1 *Motivación gráfica y título de cada una de las veinte unidades.*

página cuarenta y una

Explorando nuestra casa

41

Páginas 2, 3, 4, 5, 6 y 7 *Desarrollo argumental y gráfico de un centro de interés.*

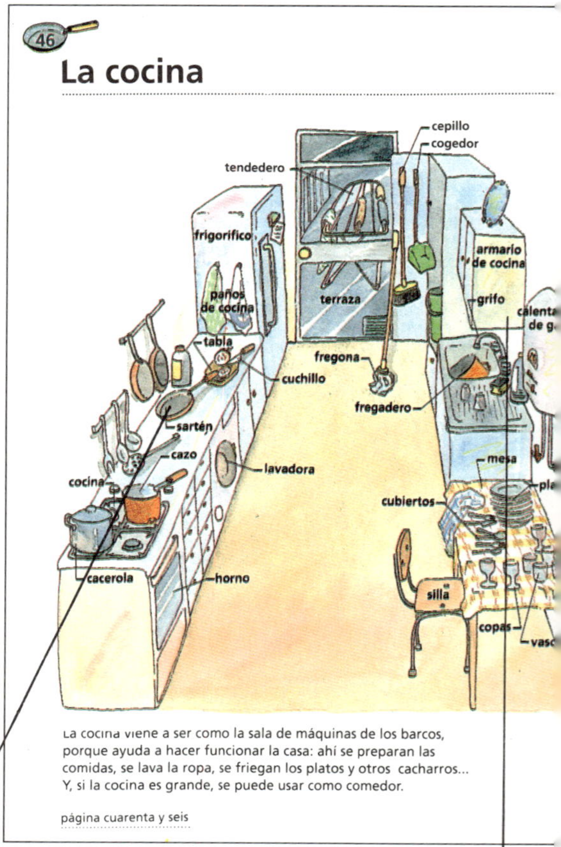
46

La cocina

La cocina viene a ser como la sala de máquinas de los barcos, porque ayuda a hacer funcionar la casa: ahí se preparan las comidas, se lava la ropa, se friegan los platos y otros cacharros... Y, si la cocina es grande, se puede usar como comedor.

página cuarenta y seis

sartén Es un cacharro de cocina que sirve para freír. Es redonda, poco honda y tiene un mango para agarrarla sin quemarse. (Pág. 46)

armario Los armarios son distintos muebles en los que se puede guardar ropa, cacharros, alimentos... (Págs. 45 y 46)

Desde la página 169 hasta el final, el objetivo es familiarizar a los consultantes con el empleo del diccionario y por eso aparece un diccionario propiamente dicho, según la ordenación alfabética convencional.

…olección de palabras

Para ello se han confeccionado veinte unidades temáticas, de ocho páginas cada una, que desarrollan el vocabulario correspondiente; al final de la unidad se recopilan y ordenan alfabéticamente las palabras aparecidas.

Página 8 *Relación alfabética de los términos que aparecen en cada unidad.*

…l cuarto de baño

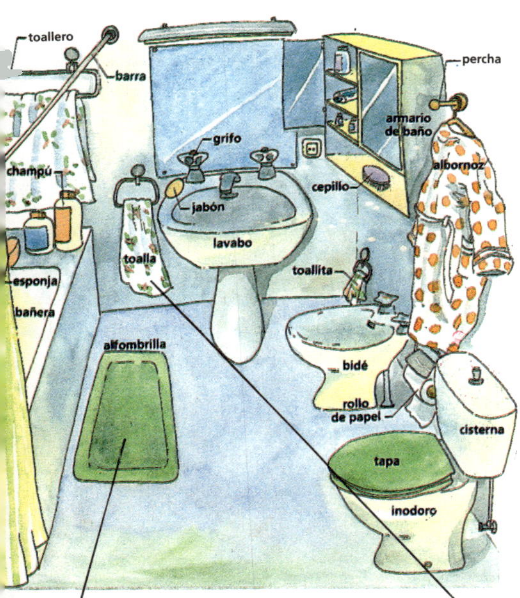

…quí cuidamos nuestro cuerpo: nos lavamos, nos peinamos, nos …onemos guapos o guapas... También dejamos lo que sobra a …uestro cuerpo: hacemos caca y orinamos sin molestar a los …emás. Luego, tiramos de la cadena, ¡por supuesto!

alfombrilla Es una alfombra pequeña, para el baño o para la entrada de la casa. La de la entrada de la casa también se llama felpudo. (Pág. 47)

toalla Es un tejido de felpa que sirve para secarse. Hay toallas de distintos tamaños, según para lo que sean. (Págs. 14 y 47)

Para ello se han seleccionado las palabras básicas de Primer Ciclo de Primaria, se han definido con un lenguaje adecuado al nivel de los consultantes, con envío a la página en que el término aparece tratado.

Una familia

Una abuela y un abuelo.
Tienen un hijo.

Una madre y
un padre.

Tienen dos hijos y una hija.

Otra abuela.
Está viuda;
tiene dos hijas
y un hijo.

Otra madre y
otro padre.

Tienen dos hijas.

Un hermano de esta madre y
de la otra. Está soltero.

Un rato antes de la fiesta

La abuela pasa por la casa de sus otros hijos y nietas, acompañada de su hijo soltero. Todos juntos van a la fiesta del nacimiento de la nueva niña.

La fiesta del nacimiento

Se han reunido los familiares y los amigos y amigas, para celebrar que ha nacido la niña. Están contentos y se divierten.

Semanas antes, en la clínica...

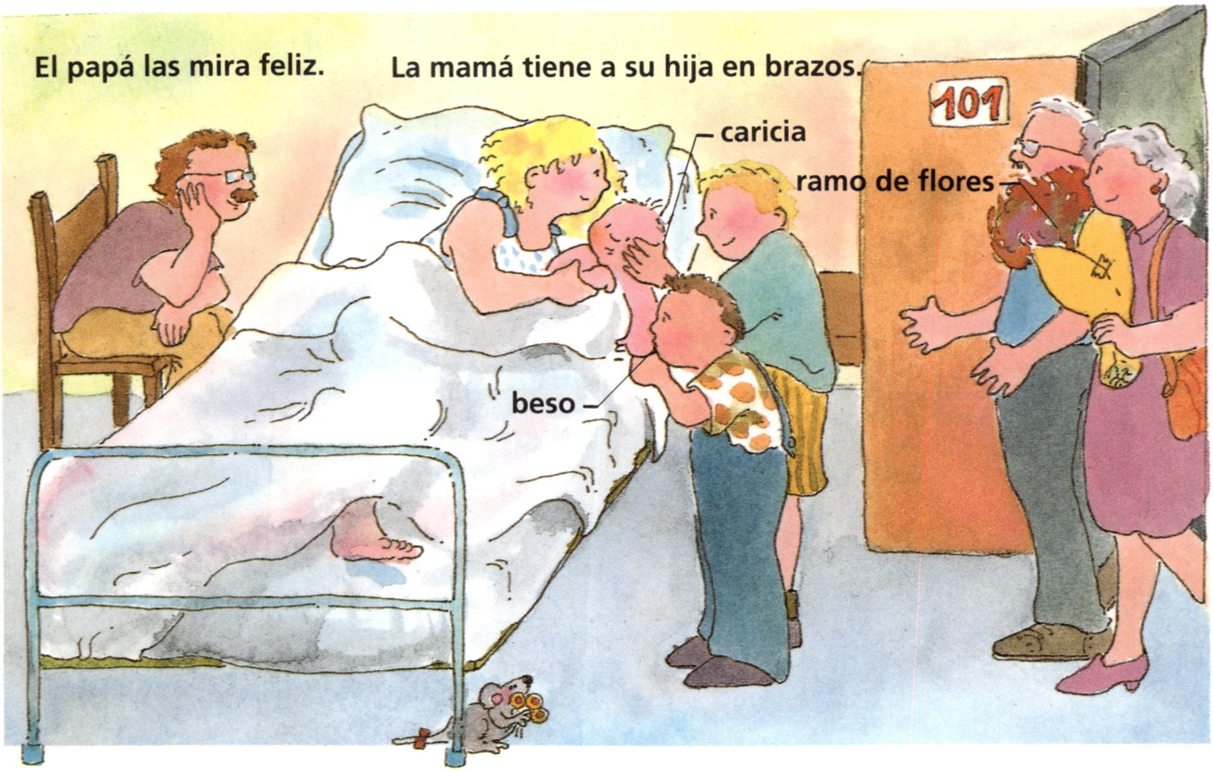

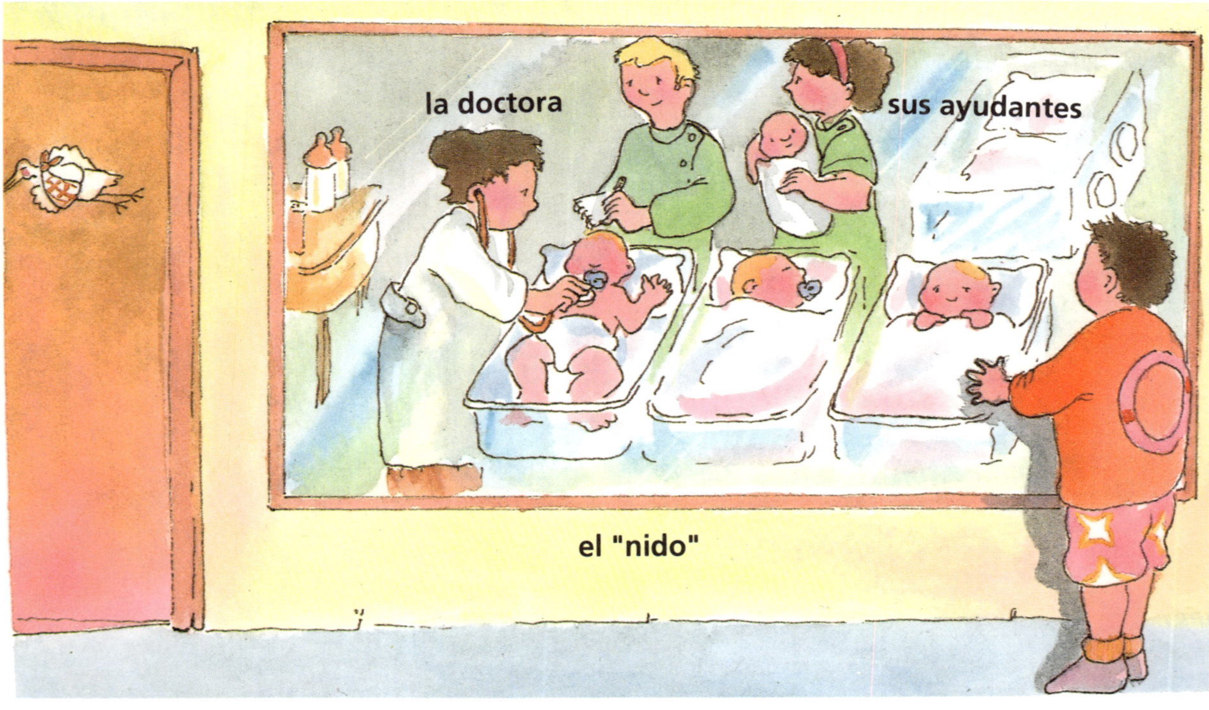

La mamá y el papá estaban en la clínica donde nació su hija; los abuelos y los hermanos de la niña van allí a visitarlos. También hay otros bebés que han nacido hace poco.

Días después, en casa...

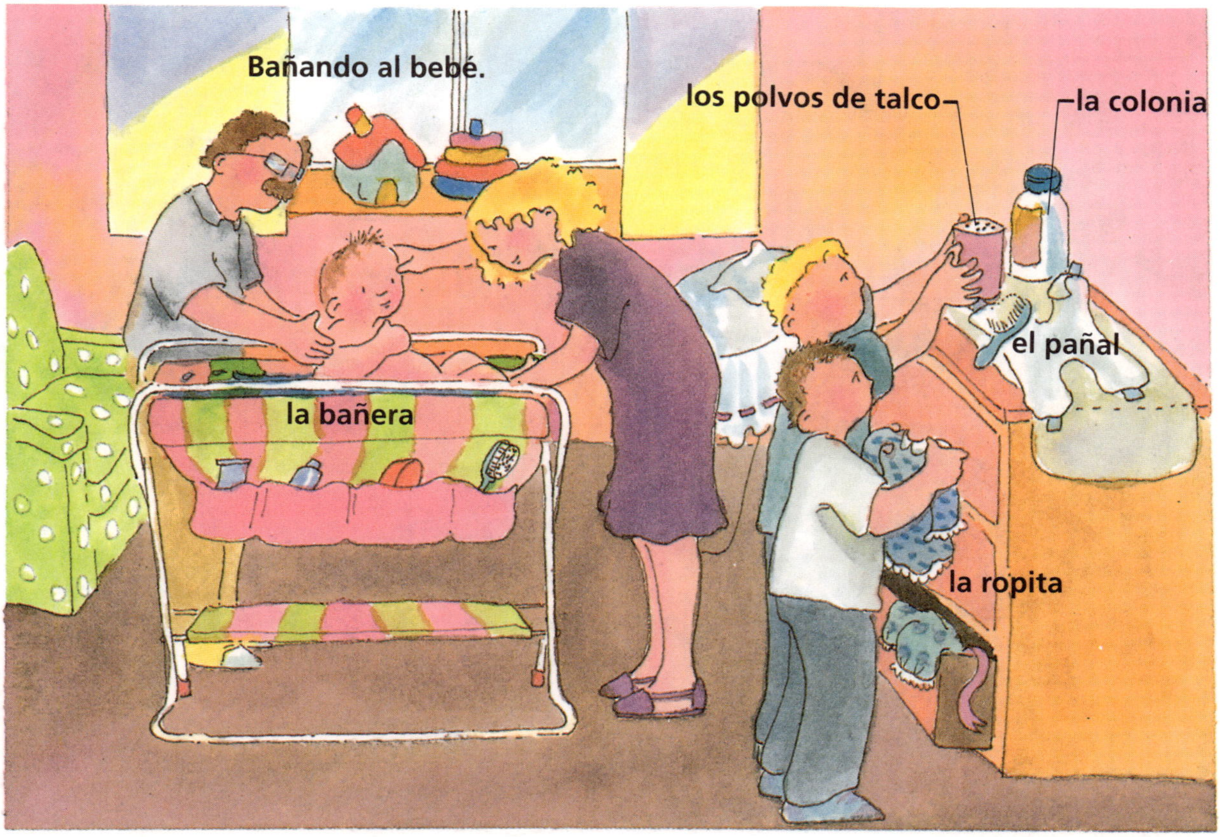

Todos quieren ayudar. Los hermanos eligen la ropita, luego bañan a la niña, su papá prepara la cuna y su mamá la alimenta antes de acostarla para que duerma.

Por la noche...

Por la mañana...

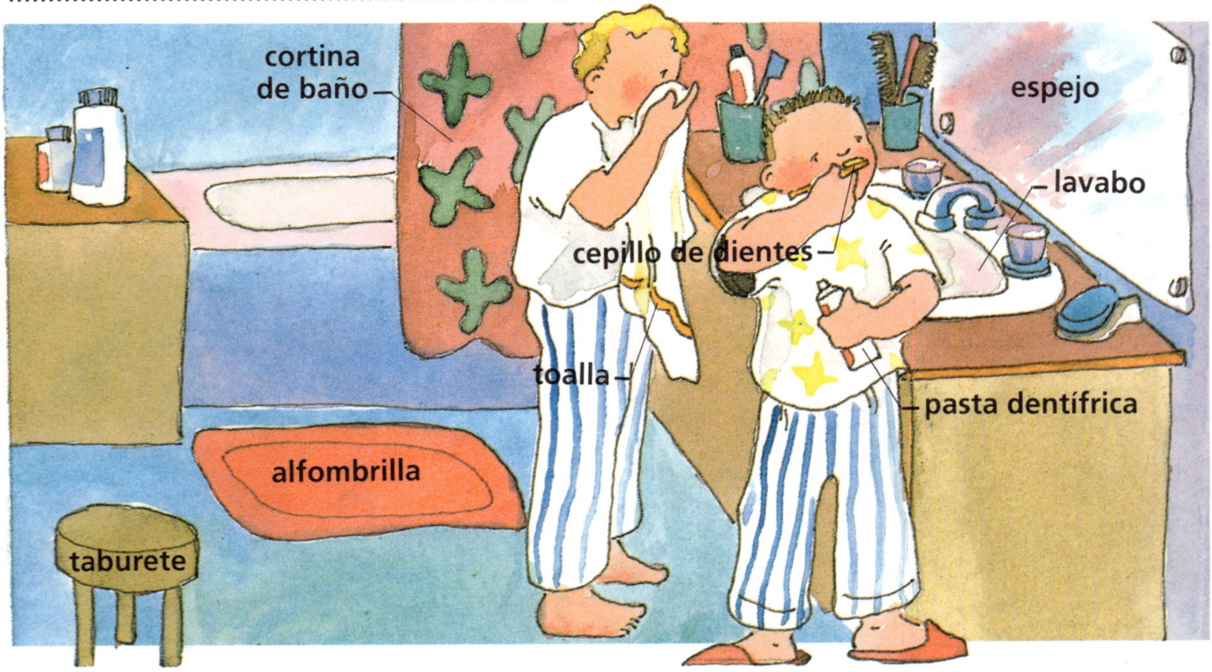

Los dos hermanos de la niñita se van a acostar. Están cansados; pero leerán un poco antes de dormir. Por la mañana se lavan y después de desayunar, se cepillan los dientes antes de ir al colegio.

Por la tarde...

Todas las semanas, el padre y la madre van juntos a hacer la compra, pero hoy la mamá se ha quedado en casa y han ido los chicos en su lugar. Compran lo que necesitan y vuelven a casa.

A-a

abuela, abuelo
acompañada
(acompañar)
acostarse
alfombra
alfombrilla
alimentar
alimento
allí
almohada
amigos
antes
ayudantes
ayudar

B-b

bañar, bañarse
bañera
bebé
beso
boda
bolsa
botella
brazo (tener en
brazos)

C-c

cama
cansarse (cansado)
caricia
casa
celebrar
cepillo
chicos
clínica
colegio
colonia
comprar
contento
cortina
cuna

D-d

desayunar
después
dientes
divertirse
doctora
dormir (duerma)

E-e

elegir
espejo
estantería

F-f

familia
familiares
felices
feliz
fiesta
flor
fotografía

H-h

hacer la compra
hermano, hermana
hijo, hija
hoy

I-i

ir (van, han ido)

J-j

jarrón
juntos

L-l

lavabo
lavarse
leer
libro
lista
llegar
luego

M-m

madre
mamá
mamar
mantel
mañana
mirar
mucho

N-n

nacer
nacimiento
necesitar
nido
nieto, nieta
niño, niña
noche
novios
nuevo, nueva

P-p

padre
pan de molde
pañal
papá
papel higiénico
pasta dentífrica
pequeño, pequeña
pijama
polvos de talco
precio

Q-q

quedarse
querer

R-r

ramo de flores
rato
recién nacida
reunirse
ropa, ropita

S-s

sábana
saludo
semana
silencio
sobrino, sobrina
soltero, soltera

T-t

taburete
también
tarde
tío, tía
toalla

V-v

vaso
visitar
viudo, viuda
volver

¿Cuál es mi juego favorito?

Los juegos en casa

Hoy hemos invitado a nuestros amigos a pasar la tarde jugando en casa. Al principio pensábamos que iba a ser aburrido, pero luego jugamos a un montón de cosas y fue muy agradable y divertido. Papá y mamá nos pidieron que no hiciésemos mucho jaleo para no molestar a los vecinos.

Cuando ya estábamos cansados de jugar, leímos cuentos y tebeos, hicimos pajaritas de papel y luego enchufamos la televisión y vimos una película que se titulaba "Aventuras de Robinson". Ya había llegado la hora de cenar y de irse a dormir.

En el colegio

A la hora del recreo se puede jugar a muchos juegos: al balón, a pídola, a la comba, a las canicas, a hacer carreras, a la gallinita ciega... Y en la hora de los títeres puede hacerse un gracioso teatrillo. A veces se hacen concursos para ver quién se lleva el premio de teatro de marionetas.

En el parque

¡Estamos en el parque! ¡Cuántas cosas se pueden hacer!: deslizarse por el tobogán, montarse en el balancín, columpiarse, trepar, jugar con la arena... Y otros juegos deportivos, como patinar, pedalear en una bicicleta o en un triciclo, jugar a la pelota...

En un pueblo

¡Qué bien se juega en los pueblos! Hay sitio para jugar a todo: al escondite, a buscar tesoros... Pueden inventarse juegos en los que hay mucho misterio, como explorar cuevas subterráneas para buscar escondrijos secretos. Aquí no deben ir los miedosos, por supuesto.

En la playa

Algunas personas van a veranear a una playa. También allí se puede jugar a muchas cosas: a chapotear en la orilla, descalzos y casi desnudos, a buscar conchas maravillosas, a hacer castillos con la arena húmeda, a nadar, a remar... ¿Y si un día, mirando, mirando, vemos una sirenita...?

A-a

aburrido
agradable
árbol
arena
aventura

B-b

balancín
balón
baraja
bicicleta
bodega
bruja
buscar

C-c

caballo
campesina
canica
carrera
cartas
casa
castillo
chapotear
coche
columpiarse
columpio
comba
concha
concurso
cubilete
cuento
cueva

D-d

dado
descalzo
deslizarse
desnudo
dominó

E-e

enchufar
escondite
escondrijo
escuchar
explorar

F-f

favorito
fichas
figuras

G-g

gallina ciega
garaje
gracioso

H-h

hora
húmedo

I-i

inventar
invitar, invitado

J-j

jaleo
jardín
juego
jugar

M-m

magia
marioneta
miedoso
mirar
misterio
molestar
montarse
monte
montón
muñeca, muñeco

N-n

nadar

O-o

orilla

P-p

pajaritas de papel
parchís
parque
patinar
patines
pedalear
película
pelota
pelotazo
pensar
playa
premio
pueblo

R-r

recreo
remar
remo
rompecabezas

S-s

saltar
salvavidas
secreto
silbato
sirena
sombrero
sombrilla
sonajero
subirse
subterráneo

T-t

tablero
teatrillo
teatro
tebeos
televisión
televisor
telón
tesoro
títeres
titularse, título
tobogán
torre
trepar
triciclo
trucos
tumbona

V-v

vagabundo
varita
vecinos
veranear
voltereta

Y-y

ya
yate

¡Es hora de vestirse!

Para salir a la calle

■ **En otoño**

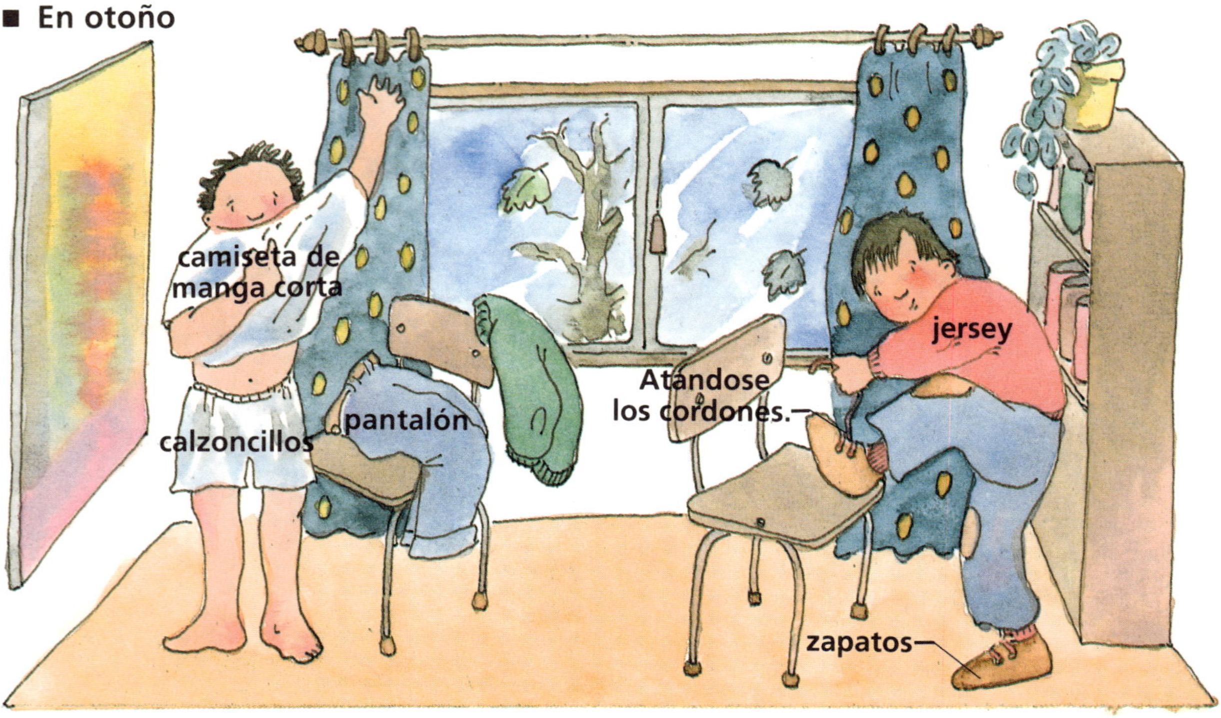

■ **En invierno**

Cuando salimos de casa, nos ponemos la ropa más conveniente, según haga frío o calor. En otoño nos empezamos a abrigar y, en invierno, mucho más, para no pasar frío.

En primavera

En verano

Cuando el sol empieza a calentar más, en primavera, nos ponemos menos ropa. Y ya, en verano, nos ponemos aún menos, y procuramos que sea más fresca y más ligera.

Para estar en casa

Cuando estamos tranquilos en casa, un domingo por la mañana a la hora de desayunar, o cualquier tarde en que no pensamos salir, ni esperamos que nadie venga a visitarnos, nos ponemos ropa cómoda, para estar más a gusto.

Para hacer deporte

Cada deporte necesita ropas especiales. Para jugar al fútbol se necesita ropa corta y ancha. Cuando se hace gimnasia rítmica conviene llevar ropa ajustada. En una piscina no se necesita casi nada y, para esquiar, ropa de abrigo y que no deje pasar la humedad de la nieve.

Ropa de trabajo

¡Listos para trabajar! Todo está preparado. Los trabajadores y las trabajadoras también tienen que vestirse con la ropa más apropiada o adecuada a su profesión.

¿De qué nos disfrazamos?

¡Llegó la hora de la fiesta! Todos queremos que nuestro disfraz sea maravilloso, bonito, divertido... Y que los demás nos miren, asombrados, y que nos digan: "¡Qué bonito tu disfraz!"

A-a

abrigar
abrigo
adivina
ancha, ancho
astronauta
atar

B-b

babero
babuchas
bañador
bastones
bata
blusa
bolso
bombero, bombera
bonito, bonita
botas
braga
bufanda
butaca
buzo

C-c

calcetines
calentar
calor
calzado
calzoncillos
camisa
camiseta
camisón
carta
cartera
cartero, cartera
casco
chándal
chaqueta
cinturón
cocinero, cocinera
cómodo, cómoda
cordones
corto, corta

D-d

decir (digan)
delantal
deporte
disfraz
disfrazarse
divertido
domingo

E-e

empezar
especial
esquiar

F-f

falda
flotador
fresco, fresca
frío
fútbol

G-g

gabardina
gafas
gorra
gorro
guantes

H-h

hacer calor
hacer frío
hada
humedad

I-i

invierno

J-j

jardinero
jersey

L-l

lazo
leotardos
ligero, ligera
¡Listos!, ¡Listas!

M-m

mallas
manga
manguera
maravilloso
más
menos
minifalda
mono

N-n

nada
nieve

O-o

otoño

P-p

pantalón
payaso, payasa
periódico
pincel
pintor, pintora
pintura
pipa
piscina
policía municipal
preparado, preparar
primavera
príncipe
procurar

Q-q

querer

R-r

regadera

S-s

salir
sandalias
sofá
Sol

T-t

tijeras de podar
tostada
trabajador,
trabajadora
trabajar
traje
tranquilo, tranquila
tren eléctrico

U-u

uniforme

V-v

verano
vestido
vestirse

Z-z

zapatillas
zapatos

Los animales

Animales que podemos tener en casa

Algunos animales pueden vivir con las personas, en la misma casa. Son animales domésticos. Hay que conocer sus costumbres: lo que comen, lo que les gusta hacer... Y hay que procurar que se sientan felices con nosotros y nosotros con ellos.

Animales de granja

Son animales tranquilos. Se les cría, se les cuida y se les da de comer. De ellos obtenemos leche, huevos, lana, carne, fuerza para hacer algunos trabajos... Los ratones procuran aprovecharse de la comida que se les da a otros animales. Son listos ¿eh?

Los animales y el agua

Hay animales que necesitan vivir en el agua o cerca de ella, porque les sirve para respirar o para encontrar allí su alimento. Los pescadores pescan peces y mariscos para que las personas también podamos alimentarnos con ellos.

"Animalitos"

Muchos animales tienen un tamaño pequeño, comparados con otros, pero ahí están, en casi todas partes, y también son animales, aunque muchas veces los llamemos "bichos". Algunos son tan pequeños que es muy difícil verlos.

Una visita al Parque Zoológico

Hay animales que viven en selvas, en bosques, en praderas. Para poder tenerlos cerca y verlos, hay personas que los cazan y los llevan a los zoológicos, donde los cuidan y los alimentan. Ahí podemos conocerlos.

Es posible que les guste que vayamos a visitarlos, y deben sentirse muy importantes por recibir tantas visitas. Si no existieran los "zoos" tendríamos que viajar a países muy lejanos para poder conocer a todos estos animales.

A-a

abeja
agua
ahí
animal
aprovecharse
araña
ardilla
atún
avestruz
avispa
avispero

B-b

ballena
bicho
bosque

C-c

caballo
cabra
camello
canario
cangrejo
caracol
carne
caseta
cebra
cerdo
chimenea
ciempiés
cisne
cocodrilo
cola
colmena
comer
comida
comparar
conejo
conocer
correa
costumbre
criar
cuidar

D-d

delfín
doméstico

E-e

elefante
establo
estrella de mar

F-f

fuerza

G-g

gallo, gallina
gato, gata
granja
grillo

H-h

hipopótamo
hormiga
hormiguero
huevo

I-i

importante

J-j

jaula
jirafa

L-l

lagartija
lana
leche
lejano
león
leopardo
listo
llamar
llevar
lobo
lombriz
loro

M-m

maceta
mariposa
mariquita
mejillón
mono
mosca

O-o

oso
oso polar
oveja

P-p

país
paloma
palomar
partes
patos
pavo real
pecera
pequeño
perro
persona
pez, peces
pingüino
poder
pollito
posible
pradera
pulpo

R-r

rana
ratón
río

S-s

sardina
selva
sentirse
serpiente
servir

T-t

tamaño
tejado
tiburón
tortuga
trabajo

V-v

vaca
ventanal
ver, verlos
viajar
visita

Z-z

zoológico

Explorando nuestra casa

La casa por fuera: la fachada

Cuando empieza a hacer frío, ya en pleno otoño, podemos dedicarnos a explorar nuestra casa, a fijarnos bien en cómo es, en qué objetos hay en cada habitación... Como pasamos más tiempo dentro de casa, puede resultar un bonito entretenimiento.

La entrada

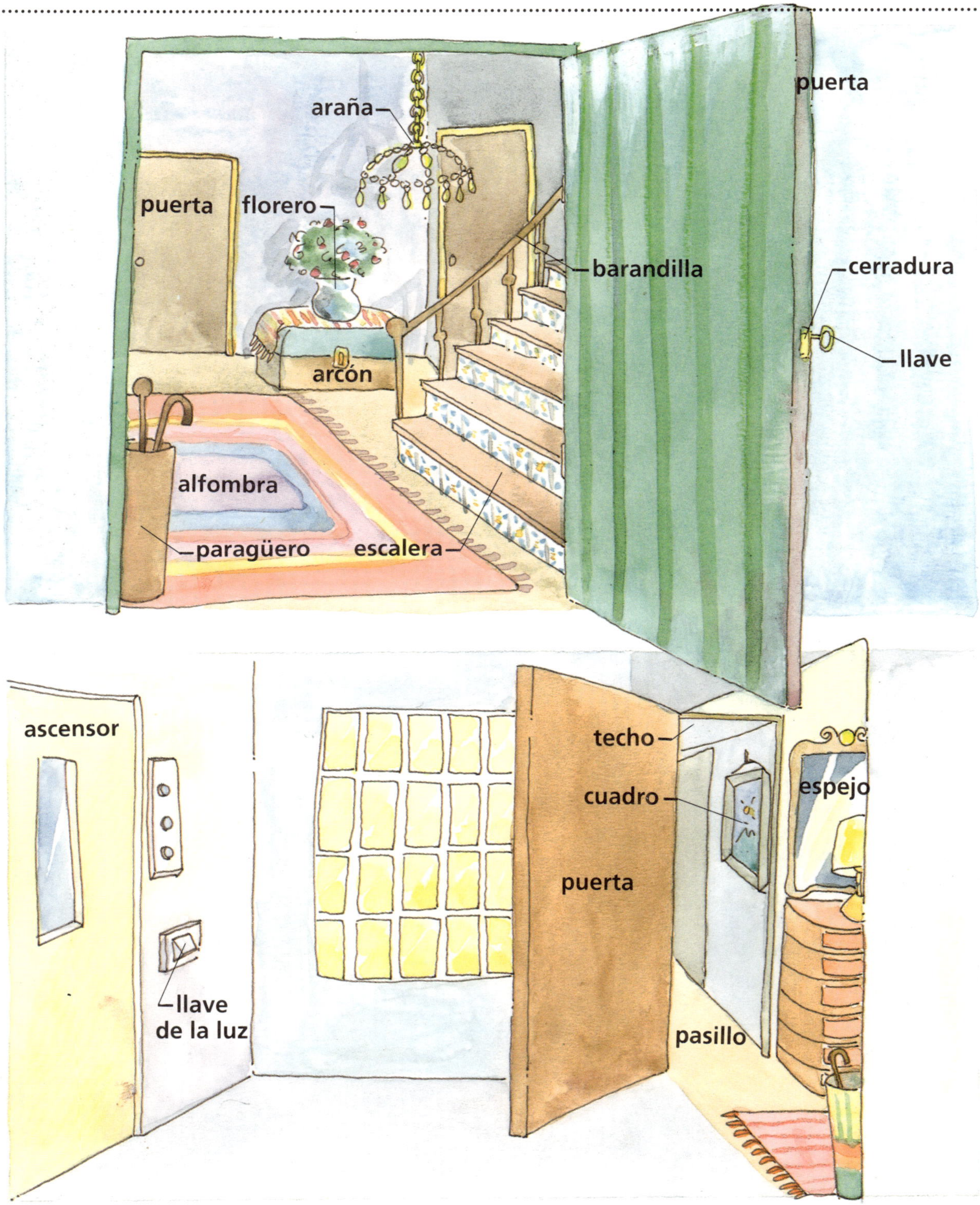

Después de haber observado nuestra casa por fuera, entramos. La entrada de la casa también se llama "vestíbulo", quizá porque en él nos acabamos de "vestir" (acabamos de ponernos el abrigo, la bufanda...) antes de salir a la calle. Las casas altas suelen tener ascensor.

El cuarto de estar

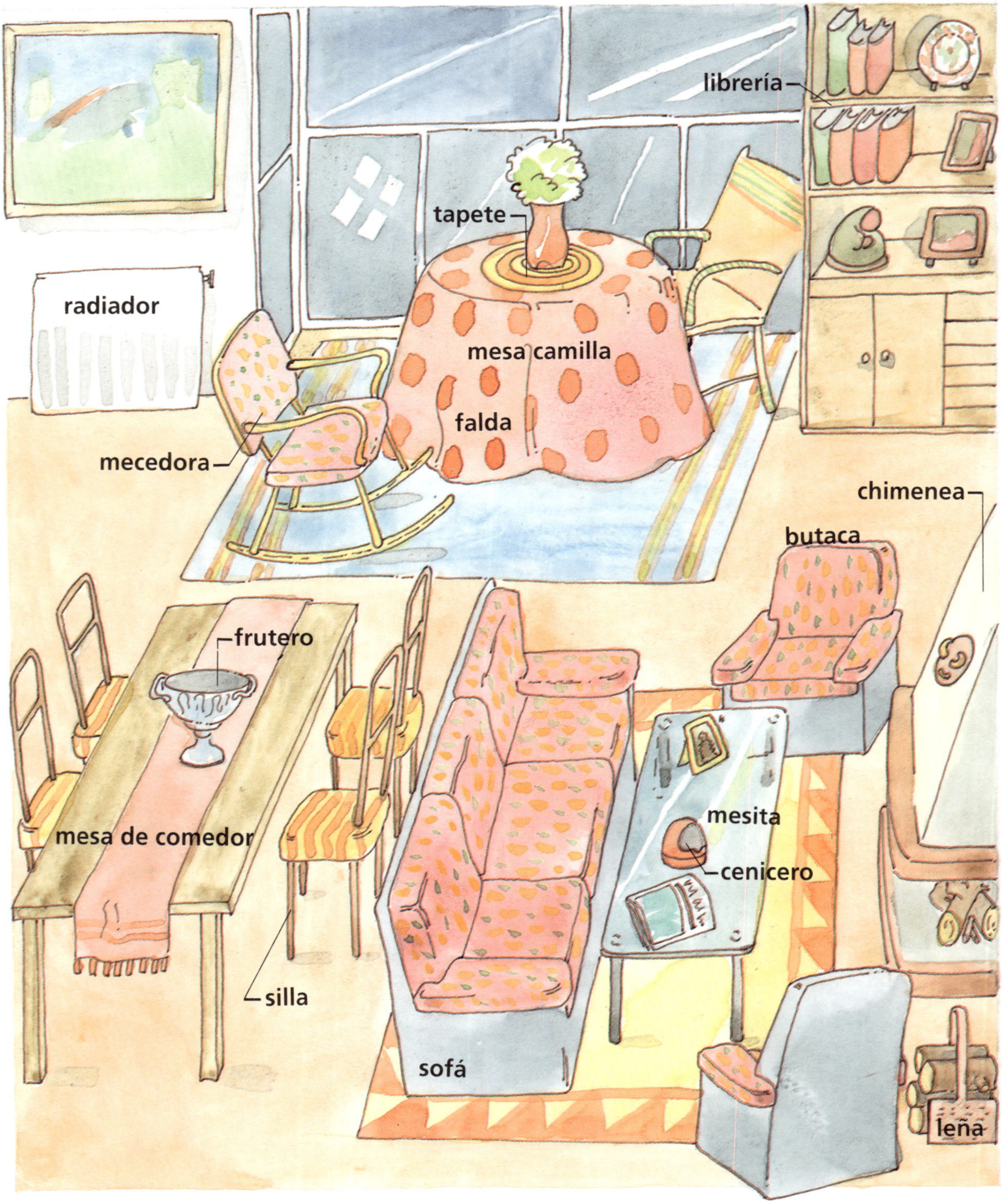

Esta es la habitación donde la familia pasa más ratos junta. También puede llamarse salón o salón-comedor. Suele tener los muebles necesarios para comer y para estar sentados mientras se habla, se lee, se juega, o se ve la televisión.

Los dormitorios

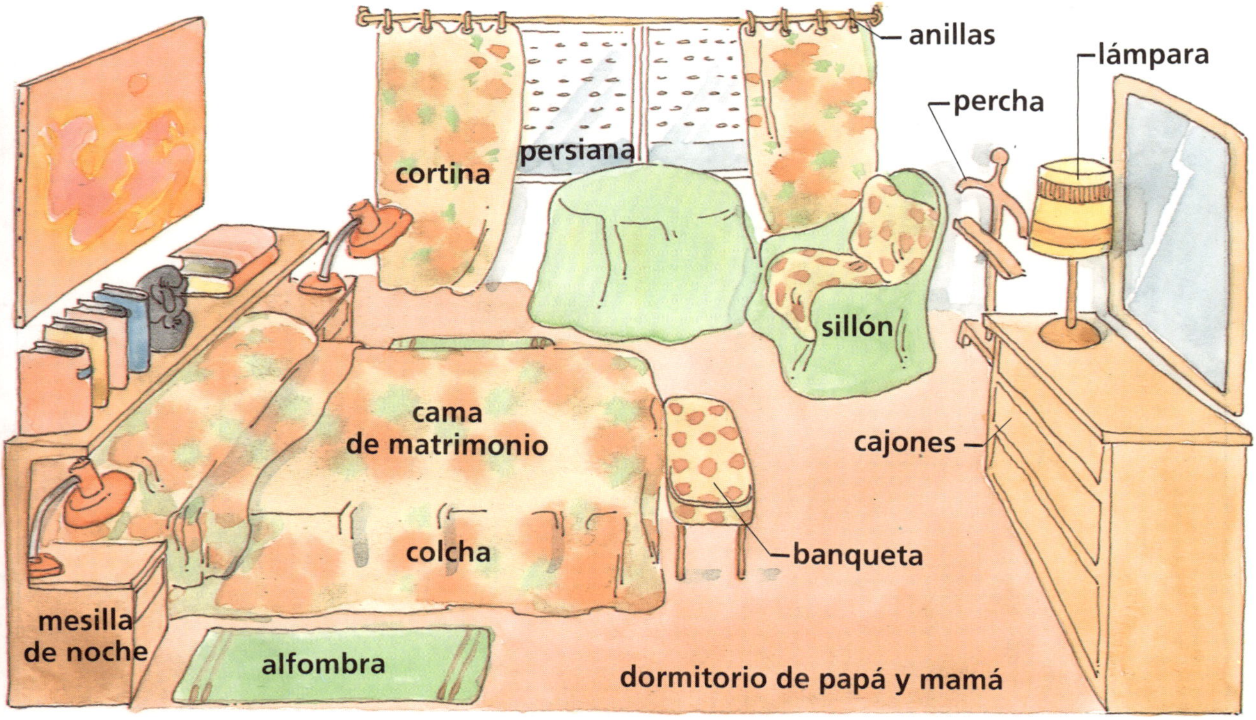

Se llama dormitorio porque es la habitación donde dormimos. Pero también puede usarse para jugar, para hacer trabajos del colegio, para estar con algún amigo o amiga que han venido a casa a pasar la tarde con nosotros, jugando o trabajando juntos.

La cocina

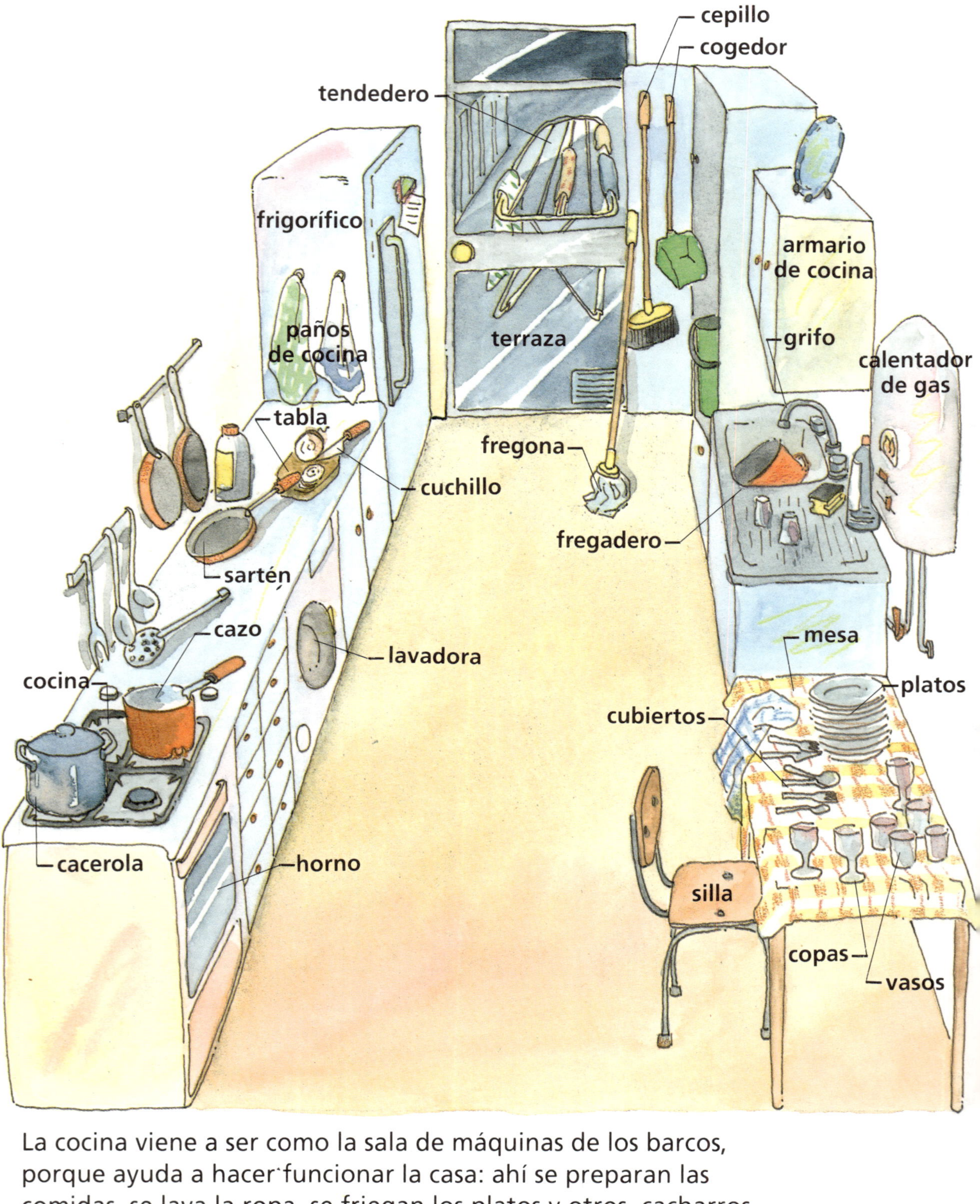

La cocina viene a ser como la sala de máquinas de los barcos, porque ayuda a hacer funcionar la casa: ahí se preparan las comidas, se lava la ropa, se friegan los platos y otros cacharros... Y, si la cocina es grande, se puede usar como comedor.

El cuarto de baño

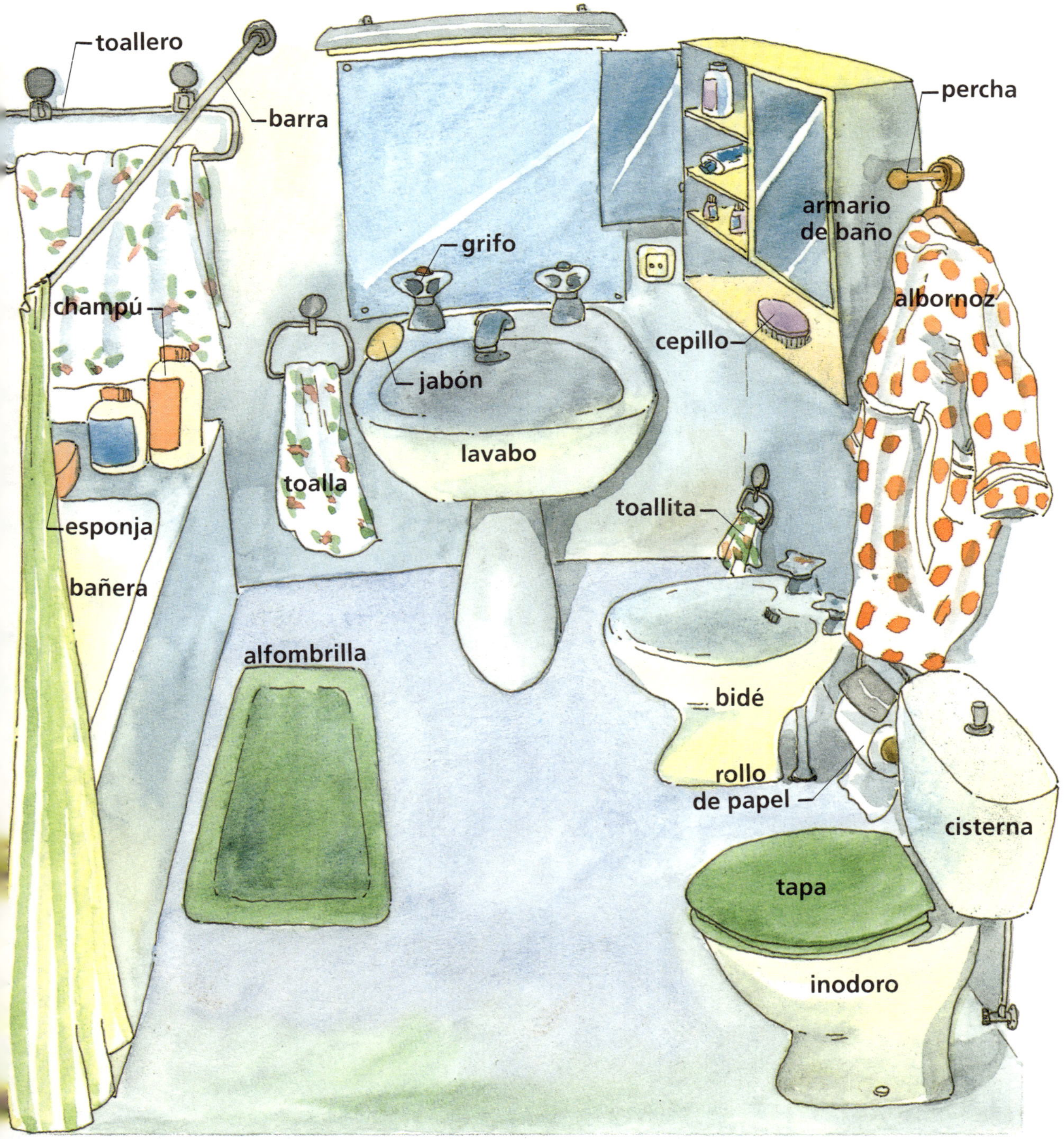

Aquí cuidamos nuestro cuerpo: nos lavamos, nos peinamos, nos ponemos guapos o guapas... También dejamos lo que sobra a nuestro cuerpo: hacemos caca y orinamos sin molestar a los demás. Luego, tiramos de la cadena, ¡por supuesto!

A-a

alfombra
anilla
araña
armario
ascensor
avión

B-b

balcón
banqueta
bañera
barandilla
barra

C-c

caca
cacerola
cacharros
cajón
calentador
cazo
cenicero
cepillo
cerradura
champú
chimenea
cocina
cojín
colcha
comedor
copa
cortina
cuadro
cuarto de estar
cubiertos
cuchillo

D-d

dentro
dormitorio

E-e

entrada
entrar
escalera
escalón
esponja
estante
explorar

F-f

fachada
falda
fijarse
florero
fregar
frigorífico
frutero
fuera
funcionar

G-g

grifo
guapos, guapas

H-h

habitación
hablar
horno

J-j

jabón

L-l

lámpara
lavadora
lavar la ropa
leña
librería
llave

M-m

mecedora
mesa
mesa camilla
mirador
muebles

O-o

objetos
observar
orinar

P-p

paño de cocina
pasillo
peinarse
percha
persiana
piso
planta
platos
portal
preparar
puerta

R-r

radiador
rollo de papel

S-s

salón
salón-comedor
sartén
sentado
sentarse
silla
sillón
sobrar
sofá-cama
suelo

T-t

tabla
tapa
tapete
techo
tejado
tendedero
terraza
tienda
tirar
toallas
toallero
trabajos

V-v

vasos
ventana
vestirse

El colegio: una aventura para todo el curso

Es la hora de entrar.

La clase de los párvulos

Los más pequeños aprenden a distinguir los colores, las formas de cosas cuadradas, redondas, triangulares. Aprenden a usar el lápiz, a dibujar, a pintar, a contar... Y lo que es muy importante: a hacerse amigos y amigas. Seguramente pasarán juntos varios años.

Los que ya vamos siendo mayores

Las niñas y los niños que ya son un poco mayorcitos van aprendiendo cosas nuevas: a leer, a escribir, a hacer dibujos más difíciles. Hacen sumas y restas. Resuelven problemas... Si no entienden algo, preguntan a su profesor o a su profesora.

Cuando hacemos deporte

Es bueno que nuestro cuerpo esté fuerte. Por eso hacemos ejercicio: saltamos un banco con los pies juntos, lanzamos y recogemos la pelota, corremos... Los mayores juegan un partido de baloncesto y hacen cosas difíciles, como saltar el potro, dar volteretas laterales...

De viaje por los libros

Los libros son nuestros amigos. En ellos podemos viajar por países desconocidos, vivir aventuras con sus personajes, consultar algo que no sabemos y que nos interesa conocer. En la biblioteca podemos encontrar libros de todas clases.

Un día de salida

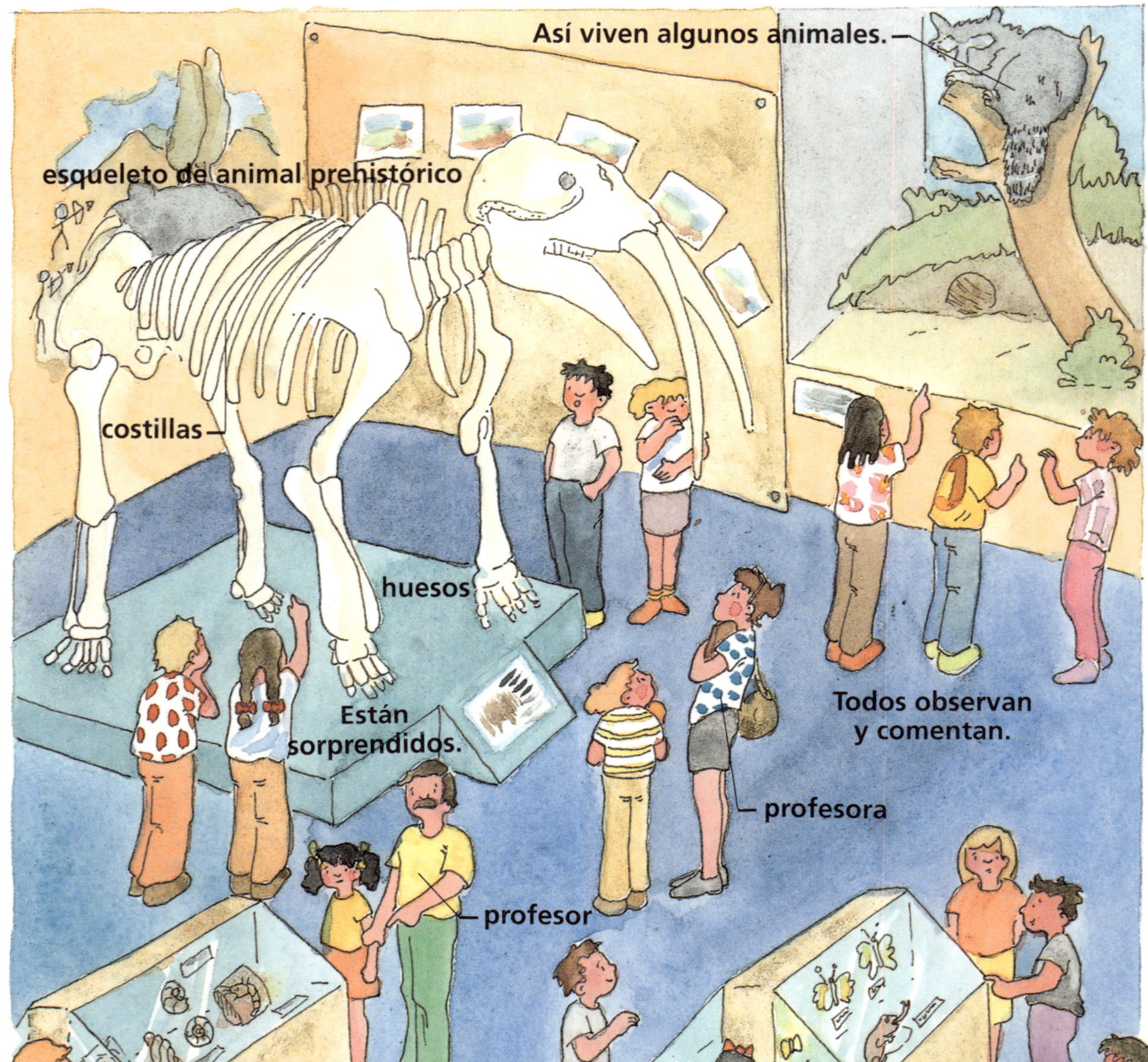

Algunas veces se organizan salidas para ir al campo, al teatro, para visitar un museo, como este, de Ciencias Naturales, que está lleno de cosas sorprendentes: rocas de colores, esqueletos de animales que vivieron hace muchísimos años... ¡Es emocionante!

¿Quién quiere aprender música?

Al principio se empieza cantando canciones y tocando algún instrumento musical: la flauta, el triángulo... Después, los mayores son capaces de formar una pequeña orquesta con guitarras, trompetas, violines, batería... La profesora toca el piano.

A-a

abecedario
algo
aprender
aventura

B-b

baloncesto
biblioteca

C-c

cambiar
canciones
clase
cojín
colores
compañero
comprador, compradora
contar
correr
costillas
cuaderno
cuadrados
cuerpo
curso

D-d

desconocidos
dibujar
dibujos
difíciles
distinguir

E-e

encontrar
entender
entregar
escribir
esperar
estar atentos
estar sorprendidos

F-f

flauta
flautista
forma
fuerte

G-g

guitarras

H-h

hacer ejercicio
hacer el pino
hacer ruido
hacerse amigos
huesos

I-i

instrumento musical
ir (va) de la mano

L-l

lanzar
lápiz, lápices

M-m

mapa
mayorcitos
mayores
microbús
mochila
museo
música

N-n

nuevas

O-o

observar
organizar
orquesta

P-p

papelera
párvulos
pedir
pegamento
pegar
personajes
pianista
piano
piedras
pintar
pizarra
preguntar
problemas
profesor, profesora

Q-q

querer

R-r

recoger
recortar
redondas
regla
resolver
resta
rocas

S-s

saber
sacapuntas
salidas
saltar de alegría
saltar el banco, el potro...
sorprendente
sorprenderse
suma

T-t

tijeras
tocar un instrumento
triángulo musical
trompeta

U-u

usar

V-v

varios
vendedor
vender
violines
voltereta

LLega el invierno, y con él, la Navidad

Estamos en diciembre, mes en que empieza el invierno, la estación más fría del año. Afuera nieva y hace frío, pero dentro de casa arde un fuego en la chimenea, o calienta la calefacción. Y es Navidad. El invierno durará aún hasta marzo, después de enero y febrero.

Las vacaciones de Navidad

Las vacaciones de Navidad son un buen momento para salir con papá, o con mamá, o con los dos, a pasear por la ciudad, que está llena de luces y de adornos, y a mirar escaparates para elegir los regalos que nos gustaría tener en Navidad o en Reyes.

Preparando el belén

¿A quién no le gusta montar el belén? Con su estrella luminosa, con todas sus figuritas, con sus ríos, montañas y casitas... Es costumbre que todos los años, antes de Nochebuena, tengamos un belén en casa, para poder cantar villancicos delante de él.

La Navidad en el mundo

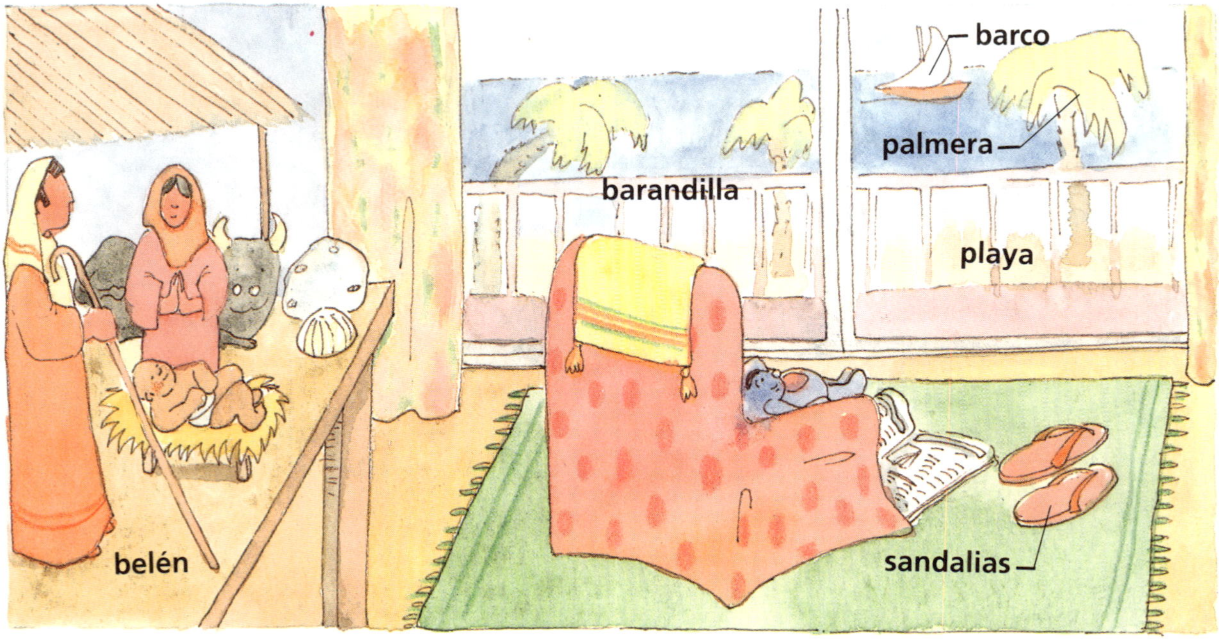

En algunos países, en Navidad hace calor, porque allí es verano.
No hay nieve y no se necesitan estufas ni radiadores.

La Navidad se celebra de distintas maneras, pues no todos los países tienen la misma religión, ni las mismas costumbres; pero en todas partes la gente está más cariñosa y todos se felicitan y se desean amor y paz.

Las comidas de estas fiestas

Todas las personas intentan cenar con su familia en Nochebuena. Es una noche de estar juntos. En los postres no faltan turrones, mazapanes...

En la Nochevieja se despide un año, porque a las doce de la noche empieza un Año Nuevo. Se hacen fiestas, se toman doce uvas cuando dan las doce campanadas, se bebe champán y todos están alegres.

El momento de los regalos

Todos esperamos, nerviosos y emocionados, el momento de abrir los regalos que pedimos a los Reyes Magos, a Papá Noel, o a Santa Claus ... ¿Me habrán traído todo lo que quería? Es posible que también haya un poquito de carbón. ¿O no?

Se acaban las fiestas

Es el momento de recoger todo, de guardar las tarjetas de felicitación para nuestra colección, de prepararse para volver al colegio, al trabajo y a pasar un poco de frío hasta que llegue la primavera. Y hasta el año siguiente, en el que, felices, volveremos a celebrar la Navidad.

A-a

abrir
acabar
adornos
afuera
almanaque
amor
Año Nuevo
años
arder

B-b

barco
belén
bola
bueno, buena, buen
buey
burro

C-c

caja
calefacción
calendario
carbón
cariñosa
castañas
castillo
cenar
ciervo
ciudad
colección
colocar
cometa
copos de nieve
corcho
cucurucho

D-d

dar las doce
dedo
delante
descolgar
desear
despedir (despide)
diciembre
durar

E-e

enero
envolver
escalera
estación
estar de rodillas
estrella
estufa

F-f

faltar
farola
febrero
felicitar
fiestas
figuras
frío, fría
fuego

G-g

gambas
gente
guardar

H-h

hilo
hoguera

I-i

intentar

J-j

juguetes

L-l

llegar (llegue)
llena
luminosa
luz, luces

M-m

maneras
marzo
mazapán
mes
mismo, misma
momento
mula
mundo

N-n

Navidad
nerviosos
nevar (nieva)
nieve
Nochebuena
Nochevieja

P-p

palmera
papel
paquete
pasear
pastores
paz
poquito, poco
portal
postres
pozo

R-r

regalo
religión
reloj
renos

S-s

señalar
siguiente
sopera

T-t

tambor
tarjetas
todos
tomar
traer
trineo
turrones

U-u

uvas

V-v

vacaciones
vela

Nuestro querido cuerpo

Las personas tenemos un cuerpo que normalmente funciona bien. Si algo se estropea nos ponemos enfermos; por eso tenemos que cuidarlo para que esté sano, y así estaremos fuertes y podremos jugar y trabajar.

Cuando hace frío

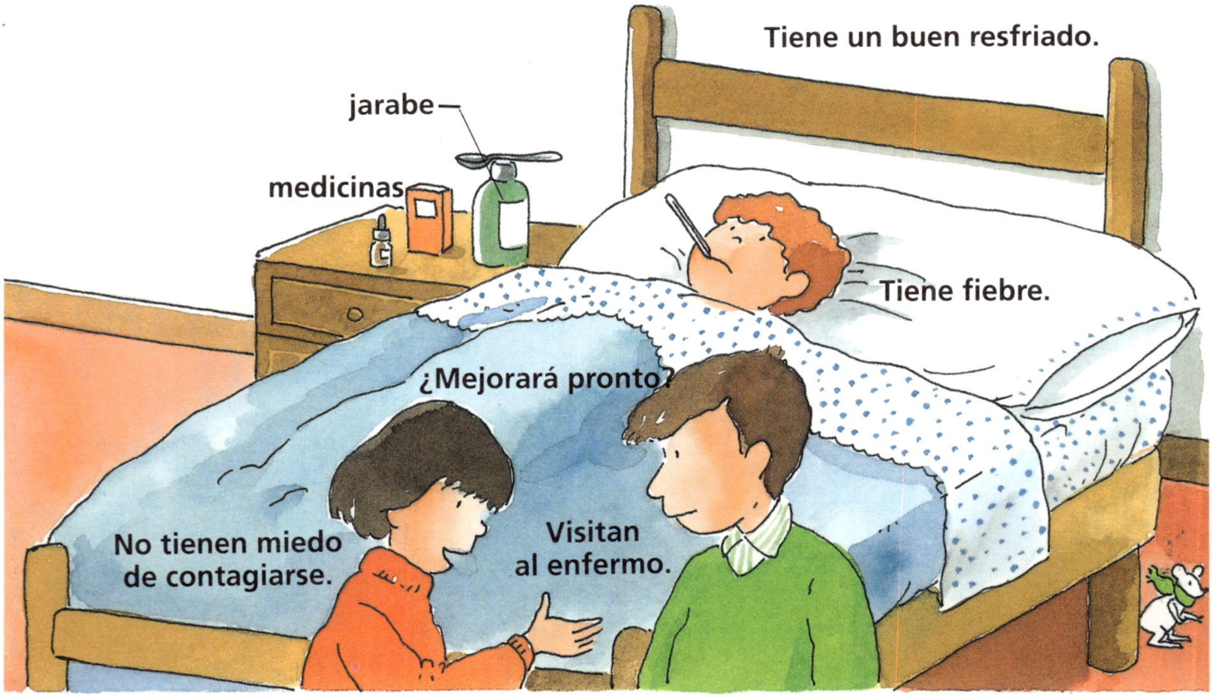

Cuando hace frío hay que abrigarse bien, porque si no, es más fácil acatarrarse. Entonces duele la garganta, se tiene tos, se estornuda, sube la fiebre, se tienen mocos, no se respira bien y hay que estar en la cama hasta que se cura el resfriado, o la gripe, o las anginas... O los mimos...

Si jugamos y hacemos deporte

En la playa cuidaremos de que el sol no queme nuestra piel y, si aún no nadamos bien, no nos meteremos muy adentro, porque nos ahogaríamos.

En nuestras excursiones por la montaña el peligro está en tropezar y caerse. Si la caída es grave, podemos rompernos una pierna, un brazo, una costilla..., o, por lo menos, darnos un buen coscorrón. Luego, tendríamos que ir vendados o andar con muletas.

En casa

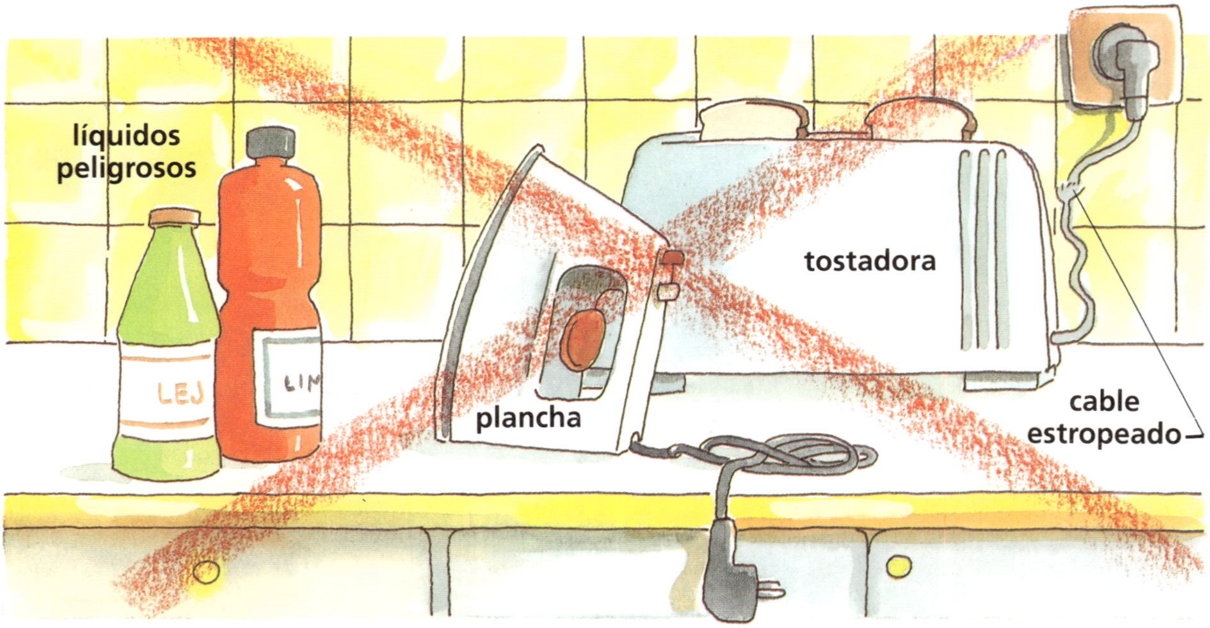

En casa hay electrodomésticos que aún no debemos manejar, porque llevan electricidad. Y líquidos de limpieza y frascos de medicinas que sólo deben tocar los mayores. Para nosotros pueden ser un veneno.

En la calle

Hay que tener cuidado al cruzar, para que no nos atropelle ningún coche, ni cualquier otro vehículo. Esto podría ser grave y tendrían que llamar a una ambulancia.

Cuando comemos

Para poder vivir y crecer, sin estar débiles ni flacos, tenemos que comer de todo. Pero tampoco hay que comer demasiado, porque nos dolería el estómago o engordaríamos más de la cuenta.

Al comer, tenemos que usar el cuchillo con cuidado, para no cortarnos. Y masticar despacio, para hacer bien la digestión y no atragantarnos. ¡Cuidado con las espinas de pescado! Podrían darnos un pequeño susto...

¿Quiénes nos ayudan a curarnos?

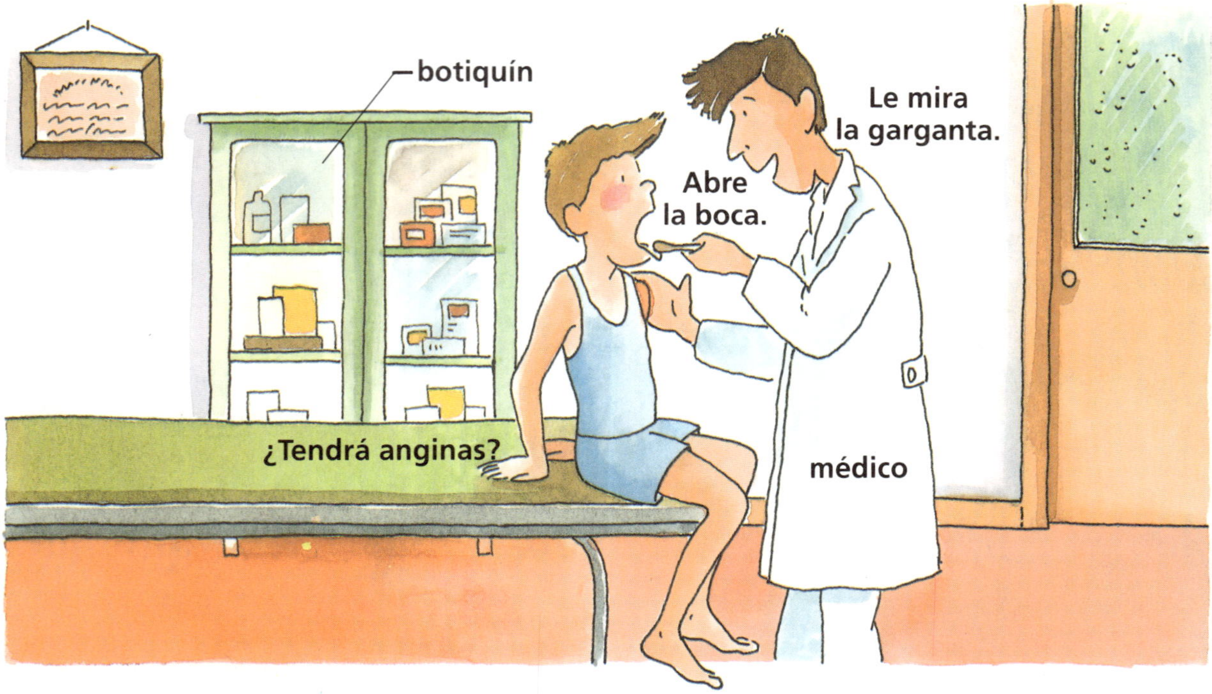

Los médicos y las médicas, que nos dicen lo que nos pasa, lo que tenemos que hacer y qué medicamentos tenemos que tomar. También nos vacunan para que no nos ataquen algunas enfermedades.

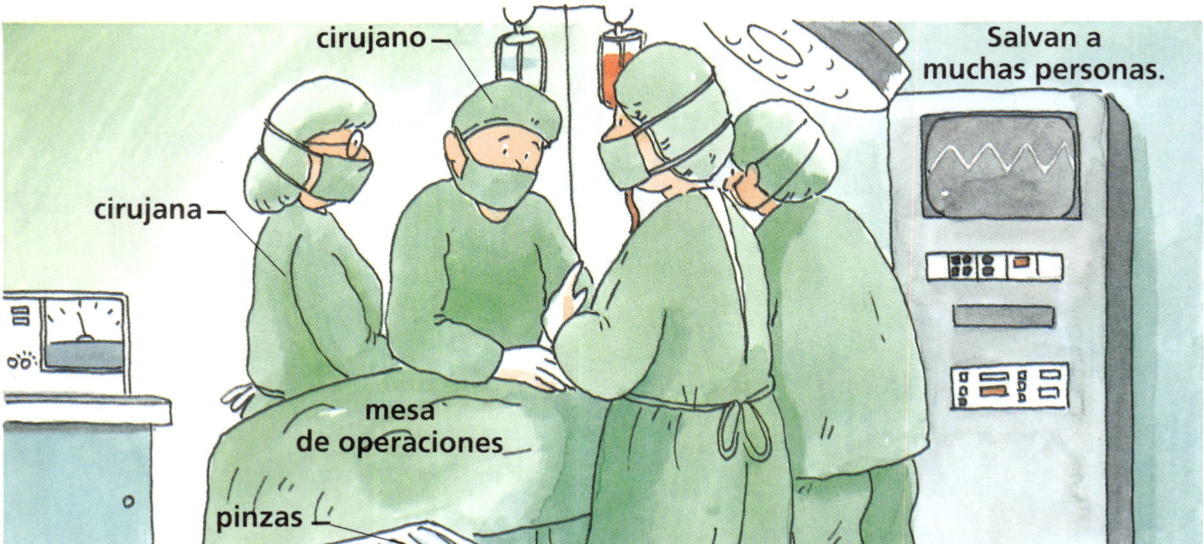

Los cirujanos, que nos operan cuando es necesario. Nos duermen, no nos enteramos de la operación, y... unas pequeñas vacaciones en una clínica o en un hospital. Además, luego podremos presumir de nuestra cicatriz.

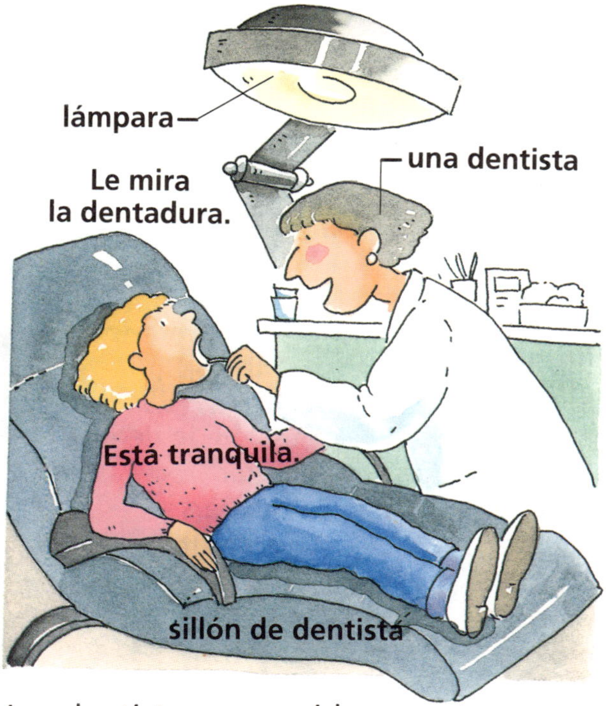

Los dentistas, que cuidan nuestros dientes y muelas para que tengamos una dentadura sana.

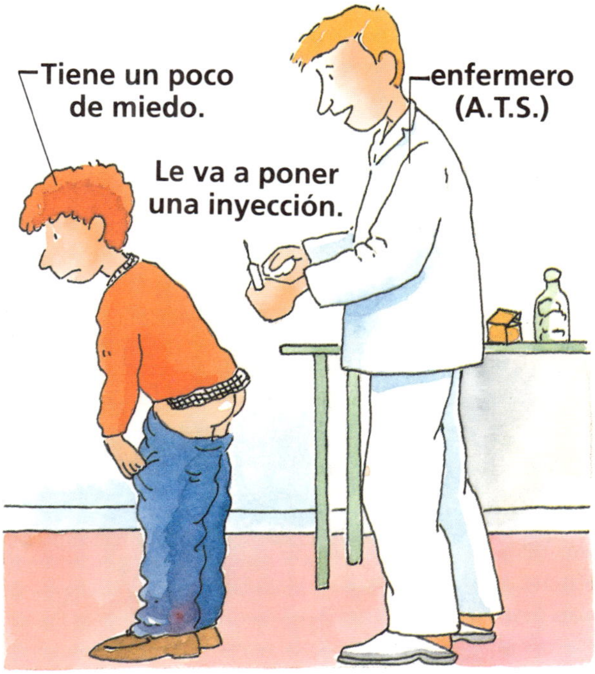

Los Ayudantes Técnicos Sanitarios (A.T.S.), que nos ponen una inyección en el culete cuando hace falta.

Los farmacéuticos y las farmacéuticas, que tienen en la farmacia todo lo necesario para ayudar a curarnos: pastillas, jarabes, inyecciones, supositorios, vendas... ¡Ah!, y ricos caramelos para la garganta.

A-a

acatarrarse
accidente
ahogarnos
andar
anginas
asustarse
(asustados)
atacar (ataquen)
atragantarse
atreverse
atropellar

B-b

báscula
boca
bocadillo
botiquín

C-c

cable
caída
caminar
caramelos
cicatriz
contagiarse
cortarse
coscorrón
crecer
cruzar
cuidado
culete, culo
curarse

D-d

débiles
delgado
dentadura
dentista
despacio
digestión
doler (duelen)
dormir
(nos duermen)

E-e

electricidad
enfermedades
enfermero
engordar
enterarse
escalar
espinas
estar en la cama
estómago
estornudar
estropeado

F-f

fácil
fiebre
flacos
frascos

G-g

ganas
garganta
gordo
grave
gripe

H-h

haber (hay que...)
hospital

I-i

inyección

J-j

jarabe

L-l

limpieza
líquidos
llamar

M-m

manejar
masticar
medicamento
medicinas
médico, médica
mejorar
mesa de
operaciones
meterse
miedo
mimos
mocos
mostrador
muletas

O-o

operación
operar

P-p

paso de peatones
pastillas
peligro
piel
pierna
pinzas
plancha
presumir
pronto

Q-q

quemaduras
quemarse
querido

R-r

receta
repetir
resfriado
resfriarse
respirar
rico, rica
romperse

S-s

salvar
sano
sillón de dentista
subir
sujetarse
supositorios
susto

T-t

tocar
tos
tostadora
tropezar

V-v

vacunar
vehículo
venda
veneno
vivir

Días para divertirse

Siempre hay algún día especial en el que hacemos algo que nos gusta más, como ir al circo, a un parque de atracciones, al teatro o que sencillamente nos quedamos en casa y alguien cuenta cuentos, adivinanzas o disparates.

En el circo

¡Seguro que has ido alguna vez al circo! ¿Que no? Pues ya puedes ir convenciendo a alguien de tu familia para que te lleve. Lo que allí se ve parece imposible, pero ocurre: los equilibristas, las fieras, los payasos...

Cuando termina la función, nos gustaría seguir viendo cosas y más cosas, pero es hora de irse, cansados de tanto reírnos, de aplaudir y de haber pasado algún ratito de miedo... Otro día, seguro, volveremos.

¡Al parque de atracciones!

Cuando nos llevan al parque de atracciones, no nos importa hacer cola en la entrada: nos espera un día lleno de emociones, y aun los menos valientes se atreven a montar en todo, aunque nos asuste un poco el túnel del terror...

No nos iremos sin que nos hayan comprado algodón dulce, churros y algún refresco, porque ha sido un día muy movido. Al anochecer, contentos y cansados, volveremos a casa. El maravilloso día ha terminado.

Mi primer día en el teatro

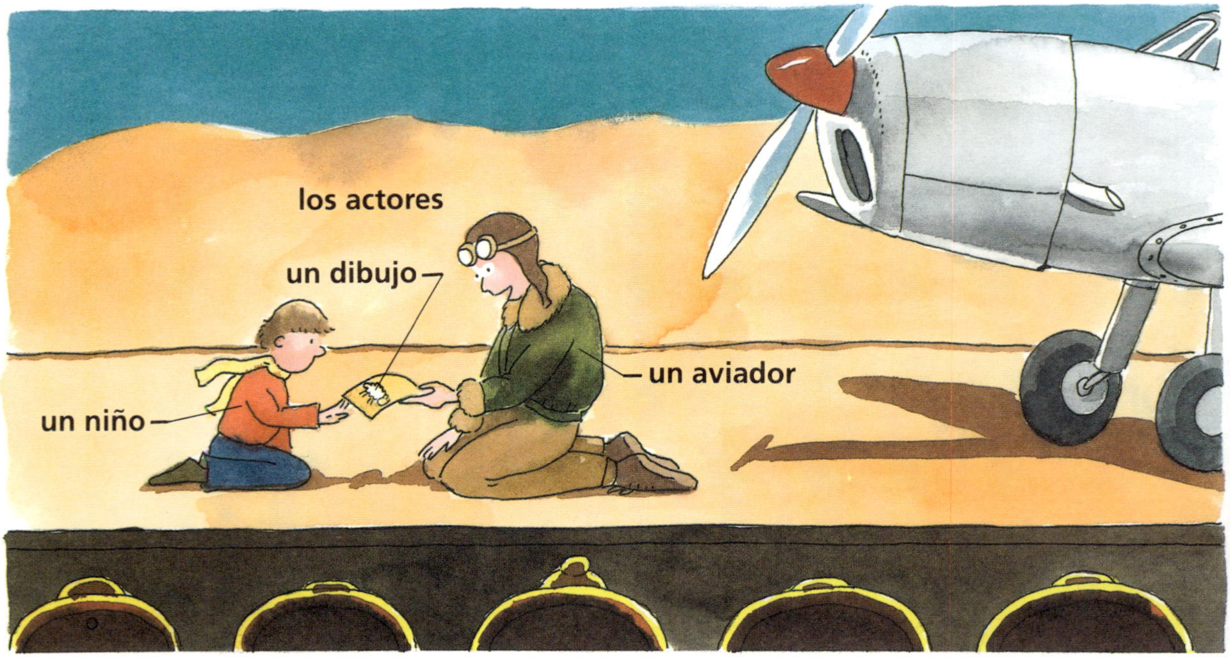

En el teatro, todo ocurre ahí, delante de nosotros, y los actores y las actrices son de verdad. Desde nuestros asientos contemplamos el escenario con los ojos y los oídos muy abiertos. Es el día del estreno.

También puede gustarnos ir a ver obras en las que los artistas son cantantes o bailarines. Para quienes les gusta la música y la danza, es un espectáculo muy interesante.

La magia de los cuentos

¡Qué suerte, que hoy estaba la abuela en casa! Sabe tantos cuentos y tantas historias, que no nos cansamos de escucharla. ¿Cómo los aprendería ella? Seguramente se los contó también su abuelita.

Después, continuamos jugando por nuestra cuenta. Empezamos con los trabalenguas y las adivinanzas, y acabamos con los disparates. Lo dejamos cuando era hora de merendar.

A-a

abuelita
acabar
actor, actriz
adivinanzas
alambre
alguien
anochecer
aplaudir
artistas
atención
atreverse
aviador

B-b

bailarín, bailarina
barba
bofetada

C-c

caballitos
cabeza
cantantes
cartel
churros
circo
cola (fila)
continuar
cosas
cuentos

D-d

días
disparates
divertirse
domadora

E-e

entrada
equilibrio
equilibrista
escenario
escopeta
escuchar
especial
estreno

F-f

fieras
focas
forzudo
fuego

G-g

gustar

H-h

hablar al oído
hacer cola
historias
hombre

I-i

imposible
interesante

L-l

lleno
llevar

M-m

magia
mago
maravilloso
merendar
merienda
miedo
movido (día)
música

O-o

obedecer
ocurrir

P-p

parque de atracciones
payasos
pista
portero
presentador
público

Q-q

quedarse

R-r

refresco
reírse

S-s

seguir
¡Seguro que...!
sencillamente
siempre
sillón
sorprendente
suerte

T-t

taquilla
teatro
terminar
terror
tiovivo
tómbola
trapecio
tren
túnel del terror

V-v

valientes
ver (viendo)
verdad
volver

¡Cuántos trabajos distintos!

Para conseguir lo necesario

Todas las personas trabajamos. Todos somos necesarios y todos los trabajos son importantes. Mientras somos pequeños nos preparamos para el trabajo que haremos de mayores. ¿Has pensado cuál te gusta más?

¿Qué se hace con los vegetales?

Después de moler el trigo se consigue la harina, y con ella pueden fabricarse muchos alimentos: pan, pasteles, bollos, fideos, macarrones...

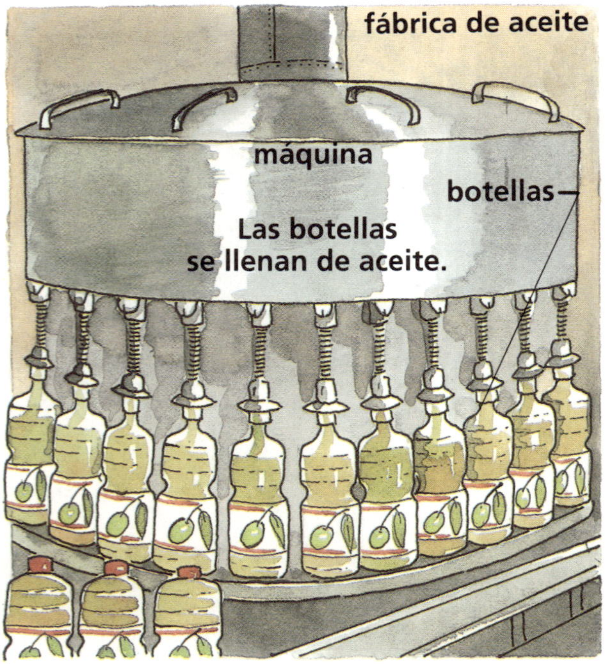

Con el jugo de las aceitunas se fabrica el aceite de oliva. También se saca aceite del jugo de semillas de girasol y de otras plantas. Del jugo de las uvas sale el mosto, el vino, el champán y otros licores.

Con la madera de los árboles pueden hacerse muebles, papel..., y con plantas, como el algodón, se hacen hilos y telas, que luego servirán para confeccionar ropa de vestir, sábanas, cortinas...

Casi todos los frutos del campo pueden conservarse para que duren más sin estropearse. Eso se hace en las fábricas de conservas. Los garbanzos, las lentejas, el arroz... se meten en paquetes.

Lo que producen los animales

Hay animales que producen huevos, como las gallinas, y otros que producen leche, como las vacas, las cabras, las ovejas. Con estos productos se puede trabajar para conseguir cosas ricas: flanes, yogures, mantequilla, queso...

De otros animales aprovechamos su carne. Puede tomarse guisada, frita...; pero también hay fábricas en las que se preparan embutidos y conservas de carne. Además usamos sus pieles para fabricar zapatos, bolsos, chaquetas...

Trabajos con minerales

Los carboneros nos traen el carbón de las minas para que podamos tener calefacción cuando hace frío.

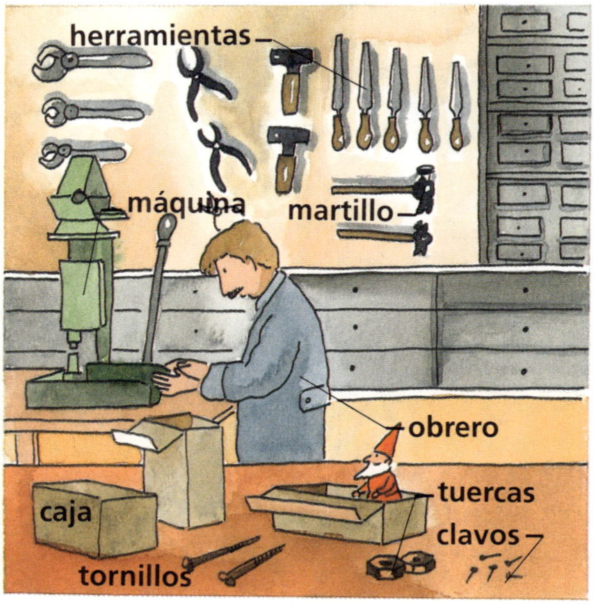

Con el hierro se fabrican muchas herramientas y complicadas piezas para hacer aparatos y máquinas.

Hay algunos metales, como el oro y la plata, y piedras muy bonitas que se usan de adorno en forma de joyas.

De la piedra, de la arcilla y de algunos metales, pueden hacerse esculturas y diferentes objetos de arte.

Grandes fábricas

¿Has visto alguna vez cómo se fabrica un automóvil? Desde que se van haciendo todas las piezas, hasta que sale el brillante coche de la fábrica, hay mucho trabajo que hacer, y muchas personas que lo hacen.

Muchos de los materiales que se usan para fabricar coches, trenes, aviones..., y otros aparatos, como las lavadoras, cocinas..., aunque parezca raro, se sacan de las minas.

Trabajos de construcción

Para que tengamos casas donde vivir, carreteras por las que viajar, vías por donde rueden los trenes..., hay personas que se dedican a los trabajos de construcción.

A-a

aceite
aceitunas
albañiles
alcachofas
algodón
aprovechar
arcilla
arroz
automóviles

B-b

barco
barril
bollos
brillante

C-c

cabrero
calzado
carbón
carpintería
carpintero
carretera
carretilla
cemento
chaquetas
chorizos
clavos
conseguir
conservas
construcción
construir
(construyen)
coser
cubas
cuerno
cuero

D-d

dulces

E-e

escultora
escultura
estropearse

F-f

fábrica
fabricar
fideos
flanes
freír (frita)
frutos

G-g

gallinero
ganaderos
garbanzos
girasol
guisantes
guisar

H-h

harina
herramientas
hierro
hilo
horno

J-j

jamones
joyas
joyería

L-l

ladrillos
latas de conserva
lentejas
leñador
llenarse

M-m

macarrones
madera
maleta
mantequilla
máquinas
mar
martillos
materiales
mecánico, mecánica
mina
mineral
mineros
moler

O-o

obrero
oliva
ordeñar

P-p

pala
pan
pastas
pasteles
pesca
pescadores
piedras preciosas
pieles
pienso
pieza
producir
puente

Q-q

quesos

R-r

raro
red

S-s

salchichas
salchichones
sembradores
semillas
sierra

T-t

taller
tartas
telas
tornillos
trabajos
tractor
tractorista
trigo

V-v

vegetales
vino

Y-y

yogures

¡Cuántos trabajos distintos!

Para atender a los demás.

Hay otras clases de trabajos, como los de cuidar a las personas, de curarlas, de educarlas, de venderles lo que necesitan; de arreglar cosas que se estropean, de limpiar lo que se mancha; de divertir a los demás, de solucionar problemas... ¿Te gusta alguno? Nadie debe ser vago ni gandul: todos debemos trabajar.

Personas que cuidan y ayudan

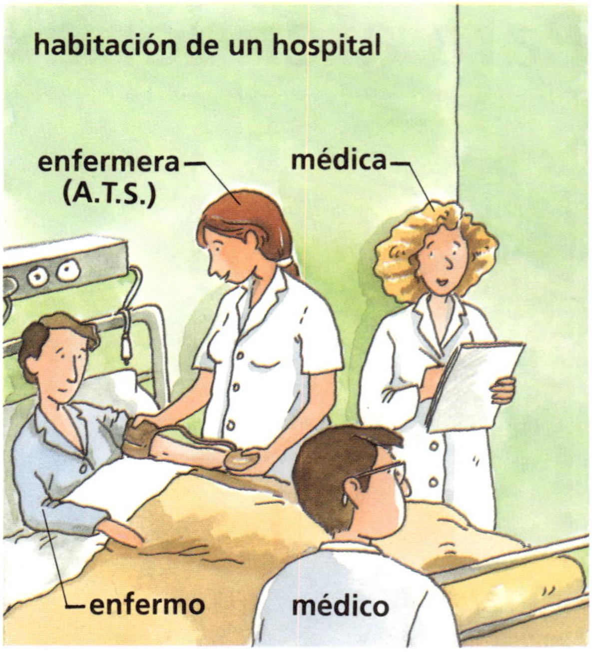

Hay trabajos que consisten en ayudar a las personas, para que no se ahoguen cuando se bañan, para curar sus enfermedades, para que no les pase nada en la calle ni en sus casas. Hay personas que son educadoras, como los maestros y maestras...

Personas que limpian y arreglan

Otras personas se dedican a limpiar las calles y las casas, a arreglar los jardines para que la ciudad esté bonita, a ayudar a las personas a estar más guapas...

Y hay quienes se ocupan de arreglar lo que se estropea, como los mecánicos, fontaneros, relojeros, electricistas, porque si no lo hicieran, tendríamos que volver a comprarlo todo nuevo, y eso sería muy caro.

Personas que venden...,

Para que podamos comprar lo que necesitamos, hay personas que nos lo venden: son los vendedores, y los que compramos somos compradores.

Hay muchas clases de tiendas o comercios. Los tenderos o comerciantes ganan dinero con lo que venden. Si en la tienda hay mucho trabajo, hay empleados o empleadas que ayudan, y el dueño o la dueña les pagan un sueldo.

... y que transportan y reparten

Desde los mensajeros y los carteros, que llevan cartas y paquetes pequeños, hasta los grandes camiones, trenes y barcos, que llevan cargas muy pesadas, muchas personas trabajan llevando distintas cosas de un sitio a otro, transportando a las personas que viajan...

Trabajos de oficinas y despachos

Hay personas que trabajan con papeles y documentos, con cartas y con números. Estos trabajos también son necesarios, para que todo quede escrito y no se olvide ni se pierda nada. Todos debemos ser útiles, y buscar el empleo que más nos guste.

Trabajos que nos hacen la vida más agradable

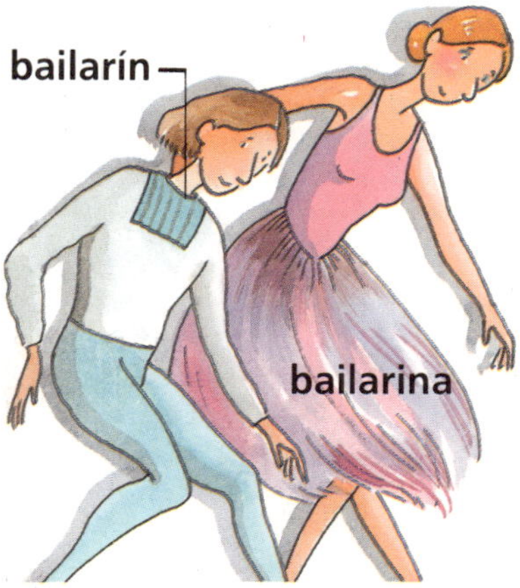

¡Qué bonito es divertir a los demás! Trabajar cuando otros necesitan descansar y distraerse. Escribir libros y periódicos para que la gente pueda leerlos y enterarse de lo que pasa en el mundo. Cantar y tocar instrumentos, bailar... ¿Qué te parecen estos trabajos?

A-a

arreglar
asa
atender
autobús
azafata

B-b

bailar
banco
barca
barrendero
basura

C-c

camarero
camión
cantante
capitán
carga
carnicería
carnicero
caro, cara
césped
circulación
coche de bomberos
comerciantes
comercios
conductora
cristales

D-d

descansar
director
distraerse
dueño, dueña

E-e

educadores
educar
electricista
empleado
empleo
enfermo
escalera
escritor
espada

F-f

faro
fontanero
fotógrafa
frutera

G-g

gandul
guardia de
circulación
guitarrista

H-h

habitación

I-i

incendio

J-j

jefe, jefa

L-l

lana
librería
limpiador
limpiar

M-m

maestro, maestra
manchar
máquina de escribir
máquina del tren
maquinista
marinero
mensajero
mercería
modas
motor

N-n

nadador, nadadora
nuevo, nueva
números

O-o

oficina
olvidar
ovillos

P-p

pagar
papeles
pastelería
peluquería
peluquero,
peluquera
perchero
periodista
pesado, pesada
pescadería
pescadero
piloto
policía de tráfico
portero, portera
problemas
puchero

R-r

relojero
repartir
rueda

S-s

secar
sirena
socorrista
solucionar
sueldo

T-t

taxi
taxista
teclas
tendero, tendera
timón
torre
transportar
tren
tubería

U-u

útil

V-v

vago, vaga
vía
viajeros
vida
vigilante

Dónde podemos comprar

Vamos a recorrer las distintas tiendas donde podemos comprar lo que necesitamos. Bueno, algunas veces también compramos cosas que no son muy necesarias, pero que nos hacen ilusión. De todas formas, ¡seguro que no queremos ser caprichosos! ¿A que no?

¡Vamos al mercado!

En el mercado podemos comprar alimentos frescos, recién recogidos del campo, o pescados en el mar o en los ríos; carnes de todas clases. Allí se puede elegir lo que se prefiera y buscar dónde hay precios más baratos, para poder ahorrar unas pesetillas...

Para comprar cosas y cositas...

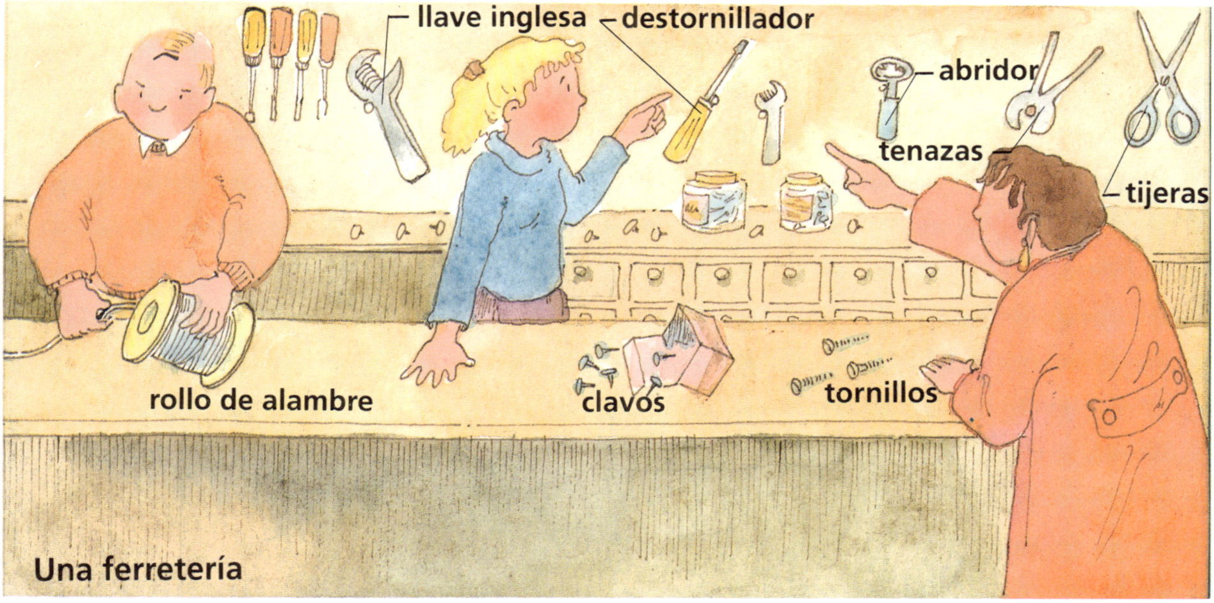

En una ferretería se pueden comprar cosas de hierro y de otros metales. También venden bombillas, escobas, platos... ¿A ti te gusta que te manden a hacer recados?

En una mercería se puede encontrar lo necesario para coser, para hacer punto..., como hilos, agujas, dedales, tijeras...; y para terminar de hacer lo que se cose, como hebillas, puntillas...

De excursión por un supermercado

Ir al "super", o al "hiper", como se llaman algunos mercados grandes, puede ser una verdadera excursión. En ellos se puede encontrar desde un bote de rica mermelada, hasta unos calcetines. Por eso hace falta llevar una buena bolsa y bastante dinero para pagar.

Comprando medicinas...

En las farmacias, además de cosas que curan: jarabe, pastillas y otras medicinas, pueden comprarse alimentos para bebés, y otros cacharros y objetos para ellos, como biberones, polvos de talco, leche en polvo, chupetes o pañales.

...y cosas que limpian y huelen bien

En las droguerías y perfumerías se compran productos que sirven para limpiar, para peinarse, para oler bien, para pintar la casa...

Cosas que siempre gustan

¡Qué dulce y qué rico todo lo que se vende aquí! Pero no se toman dulces todos los días, sino cuando es fiesta o hay algo que celebrar... porque no es bueno para la salud y porque acabaríamos todos gordísimos.

Hay poca gente a la que no le gusten las plantas, o, por lo menos, un ramo de flores. Las plantas y las flores alegran una casa y hacen que dé más gusto estar en ella.

Cosas de mucho valor

Aquí encontramos joyas de todas clases, como pendientes, collares, sortijas, gemelos..., y relojes para poder saber siempre qué hora es.

Los libros son como joyas, porque alguien los escribió con mucho cariño para que mucha gente pudiera leerlos. En las librerías, además, suele venderse también papel, cartulinas, lápices...

A-a

abridor
agujas
ahorrar
alegrar
alfiler
almejas

B-b

baratos
besugos
biberones
bombillas
bote
botones

C-c

capa
caprichosos
cariño
carrete
cartulinas
cebollas
cerillas
chaleco
chocolate
chuletas
chupetes
cigarrillos
coliflor
collar
cubos

D-d

dedales
dinero

E-e

elegir
encendedor
escobas
estanco
estuche

F-f

farmacia
filetes
floristería
fresones
frutas

G-g

galletas
gordísimos
grandes

H-h

hacer punto
hebillas

J-j

jabón
jarra
joyería
juguetes

L-l

lápices
lápiz
leche en polvo
lechugas
lejía
libreta
limones
llave

M-m

macetas
mandar
manzanas
medicinas
mercado
merluza
mermelada
metales
monedero
morcillas

N-n

naranjas
nuez, nueces

O-o

oler (huelen)

P-p

pagar
papelería
pastas
pavos
peines
pendientes
pepinos
perfume
perfumería
pesetillas
plantas
plata
plátanos
pollo
preferir
(prefiera)
puntillas

R-r

recados
recién recogidos
recorrer
relojes
rotuladores

S-s

sandías
sellos
sortijas
supermercado

T-t

tenazas
termómetros
truchas

U-u

uvas pasas

V-v

valor
verduras
vinagre

Z-z

zumos

Hablando de deportes...

...Podemos hablar de muchos deportes distintos, pues hay muchas maneras de hacer ejercicio y de jugar al mismo tiempo. La gente puede hacer deporte sólo porque le gusta, o para ver quién lo hace mejor, porque todos quieren ganar.

Deportes de balón

El fútbol, que también se llama balompié, se juega en un campo que se llama estadio. Allí acuden muchísimas personas para ver ganar a su equipo favorito.

Con el balón, también se puede jugar al baloncesto; hay que tener buena puntería para encestarlo. Y al balonvolea o "voleibol", que es un deporte en el que gana el equipo que más veces lanza el balón al campo contrario sin que se lo puedan devolver.

Deportes de pelota

En el tenis, el público suele estar en silencio, para no distraer a los jugadores. Y aplauden las buenas jugadas, aunque los que las hacen no sean sus preferidos.

El ping-pong, o pimpón, es parecido al tenis, pero sobre una mesa bastante más pequeña que la pista de tenis. ¿Has jugado alguna vez?

La pelota vasca se juega desde hace muchísimos años. Para este deporte hace falta mucha vista para recoger la pelota, y fuerza para lanzarla.

Deportes de agua

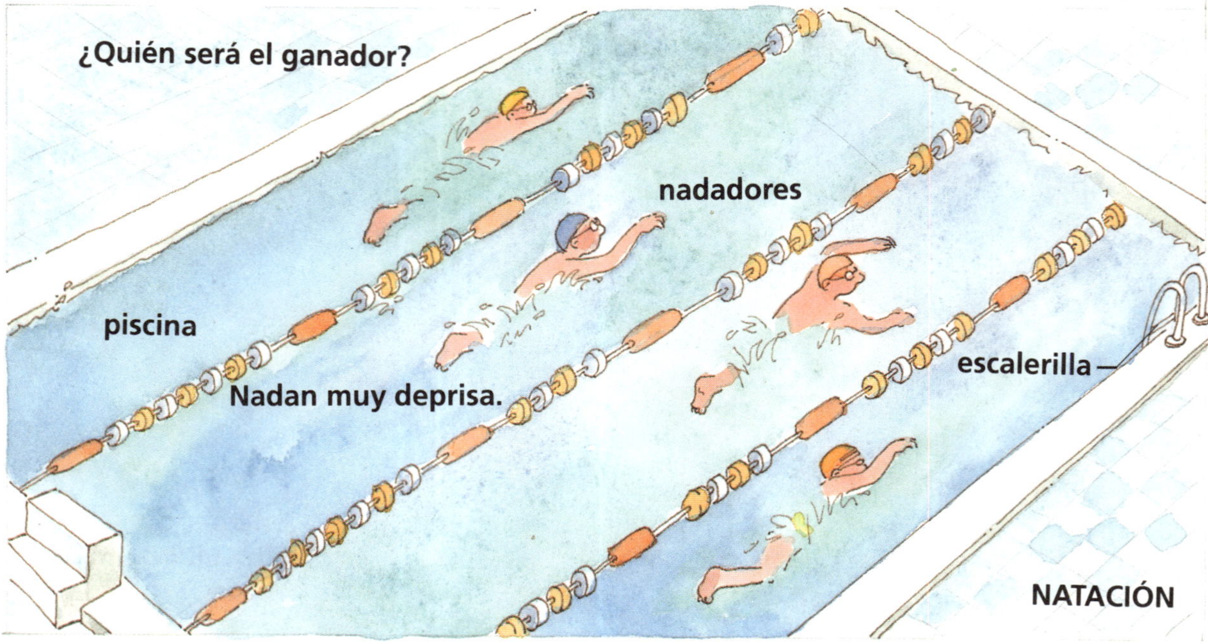

Jugar y nadar en el agua, tirarnos de golpe y bucear nos gusta mucho; pero hay personas que nadan para un campeonato, en el que se quiere saber quién nada más deprisa.

Resbalar por encima del agua, sobre unos esquís acuáticos, con la espuma salpicando todo el cuerpo, es un deporte emocionante. También lo es el participar en una competición de barquitos de vela. ¿Quién crees que llegará el primero a la meta?

Carreras y saltos

Estos corredores están haciendo un gran esfuerzo para llegar los primeros y ganar la carrera.

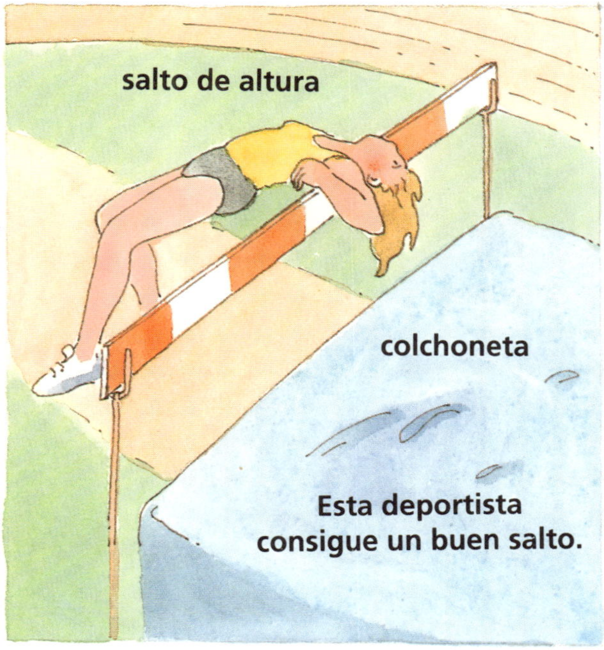

Esta deportista intenta no rozar la tabla para que el salto sea bueno. Cuando caiga no se hará daño porque hay una colchoneta debajo.

¡Cómo galopan estos caballos! El que va montado por el hombre de amarillo va el primero. Si sigue tan veloz, seguro que ganará la carrera.

Hay algunos caballos a los que sus jinetes entrenan para que puedan dar estos preciosos saltos.

Deportes de montaña

A estos escaladores les gusta el montañismo porque sí. Porque se sienten felices ascendiendo y descendiendo por las montañas. Les gusta ver el paisaje desde allá arriba y respirar el aire puro y ver el cielo azul.

Esta esquiadora intenta recorrer la pista de esquí muy deprisa, porque hay unas personas que miden el tiempo que tarda en bajarla; gana la persona que tarda menos. ¿Conseguirá quedar campeona?

Deportes sobre ruedas

Del triciclo a la bicicleta, pasando por los patines, casi todos hemos hecho deporte sobre ruedas. Por lo menos, habremos montado en los coches de un tiovivo, o en un carro, en el pueblo ¿O no? ¡Pues ya es hora!

Las carreras de motocicletas y de coches sí que son deportes serios. Y peligrosos, porque si se desvían un poco los corredores, pueden chocar y tener un grave accidente.

A-a

acudir
aire
amarillo
años
arriba
asientos
atención
azul

B-b

bajar
banderín
barco
barrera

C-c

campeón, campeona
campeonato
carro
cesta
chocar
ciclistas
cielo
colchoneta
contrario
corredores

D-d

deportes
deportistas
deprisa
descender
desviarse
devolver (devuelve)

E-e

ejercicio
encima
entrenarse
escaladores
esfuerzo
espuma
esquí
esquiador, esquiadora
estadio

F-f

flotar
futbolista

G-g

galopar
ganador
ganar

H-h

hablar
hacer ejercicio

J-j

jugador, jugadora

L-l

lanzamiento
lanzar
luchar

M-m

manillar
medir (miden)
meta
montañero, montañera
montañismo
motocicleta
motoristas

N-n

nadador, nadadora
nadar

O-o

olas

P-p

paisaje
participar
partido
pelota
pista
portería
portero
primero
puntería

R-r

raqueta
recoger
red
resbalar
respirar
resultado
rozar

S-s

salpicar
saltos
serios

T-t

tabla
tardar
tenis
tenistas
tiempo
triciclo

V-v

vela
velocidad
veloz, veloces
vez, veces
vista

Me acuerdo de aquel viaje...

¿Quién no ha hecho alguna vez un viaje? Cuando se va de viaje, se pueden ver pueblos y paisajes distintos de los que ya se conocen. Tierras llanas y tierras con montañas; puertos y playas. Edificios y museos únicos en el mundo.

Un viaje corto: a la feria del pueblo de al lado

Cuando hay feria en un pueblo cercano, acude mucha gente: unos andando por el camino; otros, en coche, por la carretera. Se compra y se vende ganado, se come y se bebe y, al final, se divierte todo el mundo en la verbena, antes de regresar a casa.

¡De excursión con el colegio!

¡Qué bien! Vamos de excursión. Las mamás y los papás nos dicen adiós cuando arranca el autocar y nos esperarán a la vuelta. Cuando cruzamos montañas y barrancos, el conductor va despacio, para que podamos ver el paisaje, y porque es peligroso ir deprisa.

Hice un viaje en tren

Ir de viaje en tren empieza por ir a la estación y buscar nuestro tren. Subimos al vagón y nos sentamos. Desde la ventanilla podemos mirar el paisaje que parece que corre, aunque sea el tren el que rueda veloz sobre la vía.

Lo que vi en el aeropuerto

En un aeropuerto pueden verse aviones que despegan, otros que aterrizan y otros que están parados en el suelo de la pista. Si viajamos en un avión, cuando sube, parece que todo se va haciendo pequeñito y que las nubes son de algodón.

En coche, con la familia

Más de una vez habremos ido de viaje en automóvil, con nuestra madre o con nuestro padre, o con los dos. Unas veces a ver a los abuelos, o a casa de unos amigos, o de vacaciones. Ir de viaje por carretera puede servir para conocer otros paisajes.

Aquel campamento de verano

Quien haya estado en un campamento conocerá la sensación agradable de bañarse en un río, de hacer fuego al anochecer y de escuchar las historias que se cuentan; de dormir al aire libre, oyendo los ruidos del campo por la noche, y de ver amanecer...

A-a

abajo
acordarse
aire libre
amanecer
arrancar
arriba
asomarse
aterrizaje
aterrizar
autocar
automóvil
avión

B-b

bailar
bañarse
barranco
beso
billete
bota
burro

C-c

caminantes
camino
camino de
campamento
cara
conducir
conductor
consejo
contar
correr
cuesta

D-d

dar un consejo
decir adiós
despedida
despegar

E-e

edificios
empleados
equipaje
estación

F-f

faro
feria
final
fuente
furgoneta

G-g

ganado
gasolina
gasolinera
gente

H-h

hambre
hoguera
humo

I-i

interés

L-l

llanos, llanas
llevar

M-m

maletín
mano

N-n

nubes

O-o

orquesta
ovejas

P-p

parachoques
parecer
parejas
pasajeros
pasillo
pequeñito
playas
poner
"profes"
puertos

R-r

rebaños
rodar (rueda)
ruidos

S-s

saludarse
subir

T-t

tienda de campaña
tierras
transparente
túnel

V-v

vacaciones
vagón
veloz
ventanillas
verbena
vía
viaje
viajeros
volante del coche
vuelta

Y-y

yerba

Lo que vemos en la calle

¿Nos hemos fijado alguna vez en todo lo que puede verse cuando vamos por la calle? Descubriremos que hay más cosas de las que creíamos. Y si salimos sin que nos acompañe una persona mayor, no debemos olvidar nuestra dirección, para no perdernos.

La plaza de mi pueblo

En la plaza está el Ayuntamiento, con una torre que tiene un gran reloj. Sobre la puerta hay banderas, que se mueven cuando hace viento. En medio de la plaza hay una fuente de diez chorros que parece que cantan. A los habitantes del pueblo nos gusta estar en la plaza.

La calle en una ciudad

Siempre hay gente seria que lleva prisa. Madrugan para llegar puntuales al trabajo o al colegio. Circulan muchos coches, y autobuses que hacen siempre el mismo recorrido. Paran siempre en las mismas paradas y no se saltan los semáforos.

Lugares más tranquilos

En la calle también hay parques en los que se puede jugar, descansar, tomar el sol, charlar... Y terrazas de bares, en las que sirven naranjada, cerveza y otras bebidas y aperitivos. ¡Qué gusto, cuando hace calor y tenemos sed, si alguien nos convida a una limonada!

Mirando escaparates

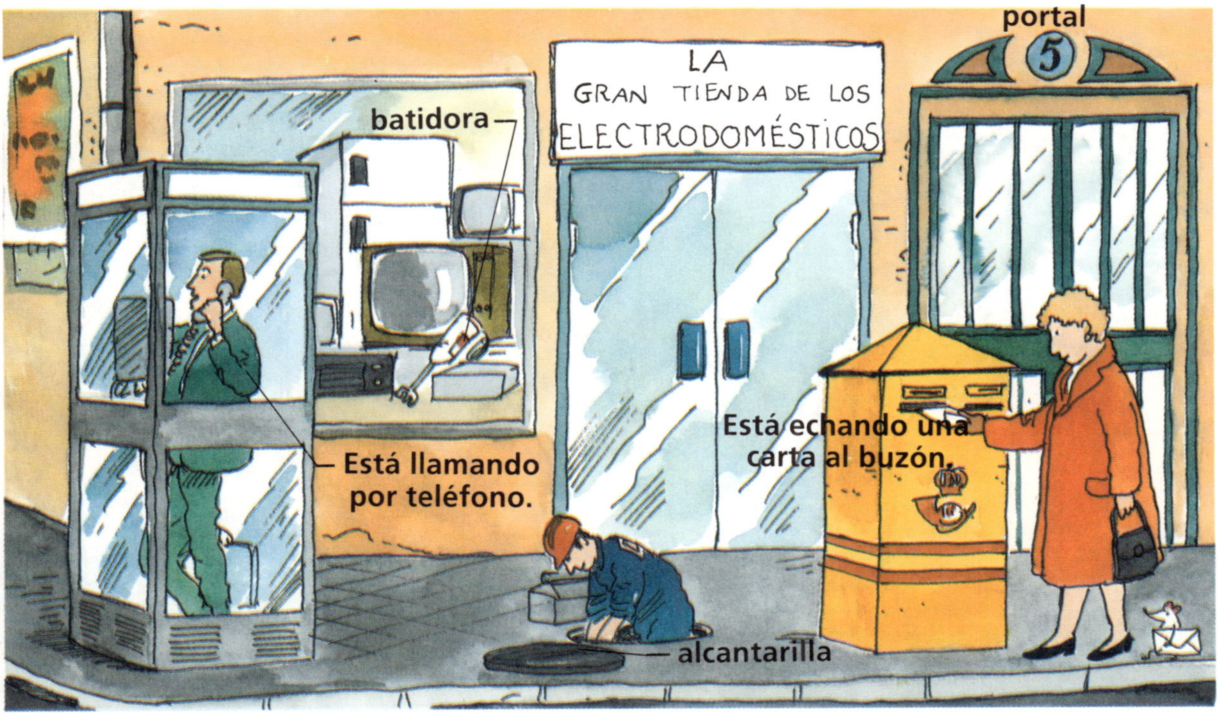

Ser peatones nos permite pararnos a ver escaparates de tiendas curiosas, mirar las carteleras de los cines, los letreros luminosos de colores, que se encienden y se apagan para que los miremos. Podemos echar una carta al buzón, llamar por teléfono desde una cabina...

De paseo por la calle

Algunas veces paseamos, sin prisa, y podemos pararnos en los puestos de helados o de golosinas; y comprar caramelos, chicle, pipas, regaliz... Y tirar los papeles en las papeleras para no ensuciar la ciudad.

También podemos recorrer el barrio. Seguramente hay algún edificio en construcción, y así podemos ver cómo colocan los ladrillos; mirar las altísimas grúas que usan para subir los materiales pesados. También hay grúas que sirven para llevar coches encima.

Grandes edificios

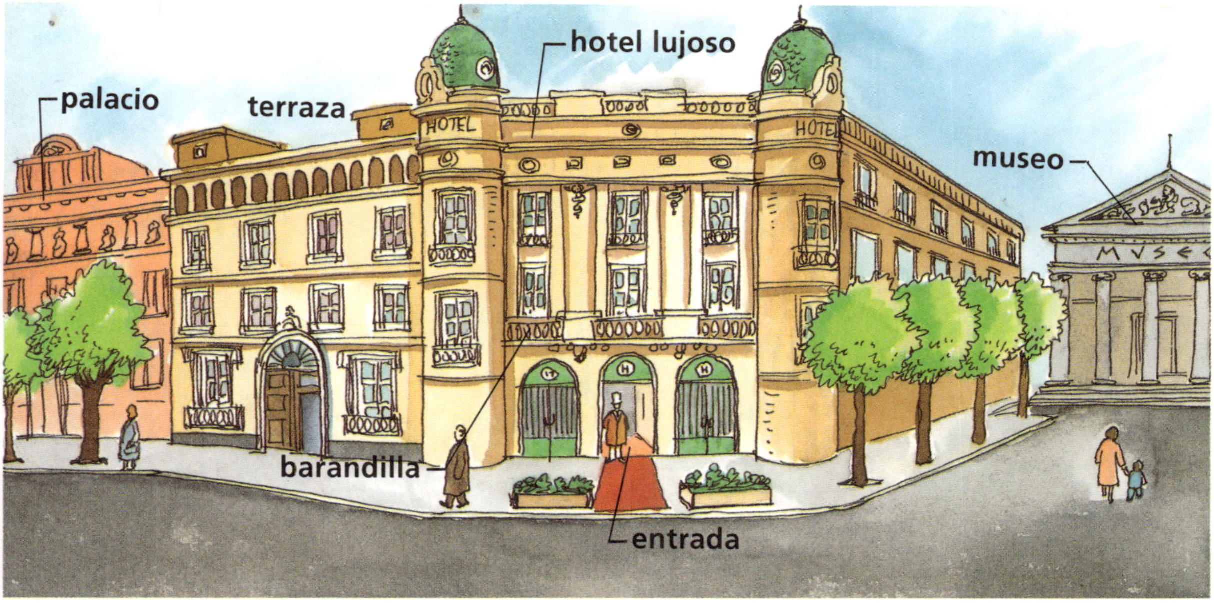

En una ciudad suele haber edificios importantes. Unos porque son grandes y bellos, como los museos, los palacios, los hoteles lujosos... Pero, para cada persona, el más importante es el de su casa. ¿A que sí?

Otros son importantes porque en ellos vive o trabaja mucha gente, como los rascacielos. También los bancos, porque se ocupan de manejar y guardar el dinero de las personas; por eso tienen vigilantes, para que nadie lo robe.

A-a

abanicos
acera
alcantarilla
alto
apagarse
aparcar (aparcado)
ayuntamiento

B-b

banco
banderas
barandilla
barrio
bastón
bebidas
bellos
buzón

C-c

calle
campanario
cartel
castillo
cerveza
charlar
chicle
chorros
cine
circular (los coches)
convidar
creer

D-d

descubrir
dirección

E-e

echar una carta
edificio
ensuciar
estanque

F-f

farola
fijarse

G-g

gente
golosinas
gorra
grúa

H-h

habitantes
helado
hotel

I-i

iglesia

L-l

ladrillos
letreros
limonada
lujoso
luminosos

M-m

madrugar
mayor
medio (en medio)
moverse (se mueven)
muralla

N-n

naranjada
nido

O-o

ocuparse
oficinas
olvidar

P-p

palacio
papelera
parabrisas
parada
paraguas
parar
peatón
perderse
persona
piso
plaza
prisa
propaganda
puesto
puntual

Q-q

quiosco

R-r

rascacielos
regaliz
reloj
restaurante
robar

S-s

saltarse un semáforo
sed
seguramente
semáforo
servir
sombrilla

T-t

terraza de un bar
toldo
tomar el sol
torre

V-v

valla
veleta

La Tierra, el aire, el Sol y las estrellas: una aventura espacial

Las personas vivimos en un planeta que se llama Tierra. Podemos ver lo que hay en nuestro planeta y lo que hay encima y alrededor. Explorar la Tierra y el espacio, y fijarnos en todo lo que pasa, puede ser una actividad interesante.

Días de sol

El Sol alumbra desde que amanece hasta que anochece. También da calor. Cuando más claridad y más calor da es a mediodía. Durante el día no se necesita luz eléctrica, como pasa por la noche.

En las playas o en las piscinas, hay personas a las que les gusta abrasarse al sol, y aguantan mucho tiempo porque se quieren poner morenas. En cambio, otras prefieren estar a la sombra con un buen ventilador o un abanico.

Días de lluvia

Cuando llueve, se forman arroyos; los ríos se hacen más anchos y más hondos, y la tierra se moja y se forman charcos y barro. Si además hay tormenta podemos ver relámpagos y oír truenos.

Si nos pilla un chaparrón cuando no llevamos paraguas nos ponemos chorreando. Nos podemos resguardar en algún sitio para no mojarnos. En los pueblos y ciudades hay pararrayos para que, si cae un rayo, no le haga daño a nadie.

Días de viento

Cuando el viento es fuerte, arranca las hojas de los árboles, y puede romper ramas y árboles enteros, o despegar tejas de los tejados. Y nos empuja cuando caminamos.

Dentro de casa, cuando hace viento, cerramos las puertas y las ventanas, porque se forma una corriente de aire que puede golpearlas y hacer que se rompa algún cristal.

Días de nieve y frío

Cuando nieva y hace frío, los gorriones y otros animalitos buscan donde refugiarse; y las personas se abrigan más, pues a nadie le gusta acatarrarse. ¿Qué ropa te pones cuando hace frío?

La nieve también puede servir de diversión. ¿A quién no le gusta hacer batallas de bolas o construir un gran muñeco? Por supuesto, no puede faltar una zanahoria para hacer la nariz.

De viaje por el espacio

¿Quién se anima a ir de viaje con unos astronautas en una nave espacial? Sólo los más aventureros o las más aventureras se atreverán. Lo primero que hay que comprobar es si caben en la nave, y si hay suficiente aire y comida para todos. ¡Solucionado! ¿Despegamos?

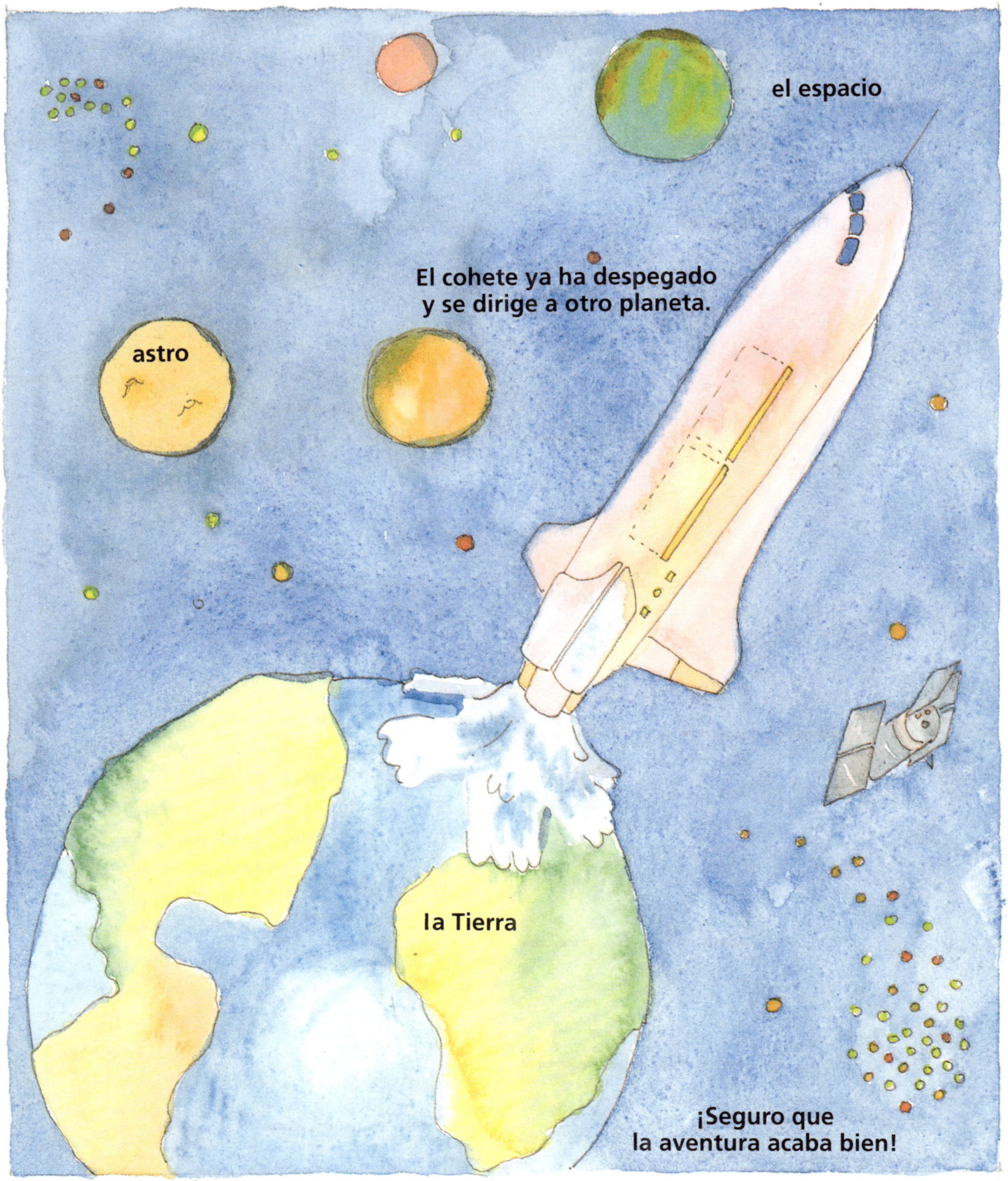

¡Ya se dirigen hacia algún planeta del universo! Podemos pensar que están chiflados, al irse tan lejos, pero no. Debe de ser una gran aventura poder viajar con esa rapidez por el espacio, y ver los astros desde más cerca, mientras la Tierra se va haciendo pequeñita...

A-a

abrasarse
abrigadísima
abrir (abierta)
acatarrarse
alumbrar
amanecer
anchos
anochecer
arrancar
arroyos
astro
atreverse
aventura
aventurero, aventurera

B-b

barro
batallas
bola
botas
botijo
brillar

C-c

caber
caluroso
capucha
cerrar
chaparrón
charcos
chiflados
chispas
chorrear (chorreando)
claridad
cohete
comprobar
corriente de agua
corriente de aire
crecer (río crecido)

D-d

daño
día
dirigirse
doblarse

E-e

empujar
enteros
envidia
estar a la sombra
estar al sol
estrellas
explorar

F-f

fijarse
formarse

G-g

golpear
gorriones

H-h

hierba
hojas de árbol
hojas de papel
hondos

I-i

isla

L-l

lejos
llover
lluvia
Luna
luz eléctrica

M-m

máquina
mediodía
miedo
mojarse
morenos
moverse
muñeco

N-n

nadie
nariz
nevada

P-p

pararrayos
planeta
playa

R-r

ramas
rapidez
rayo
refugiarse
relámpagos
resguardarse
río
romper

S-s

seguro, segura
Sol
sombra
suficiente

T-t

tejas
Tierra
tormenta
traje
truenos

U-u

universo

V-v

ventana
ventilador
viaje
viento
volar

Z-z

zanahoria

Imágenes y sonidos

Estamos rodeados de aparatos que nos permiten ver y escuchar más cosas de las que veríamos y escucharíamos si esos aparatos no existieran. Son importantes para nosotros, pero no debemos olvidar cómo es y cómo canta un pájaro de verdad, o cómo suenan las hojas de los árboles con el viento...

Gracias a la imprenta...

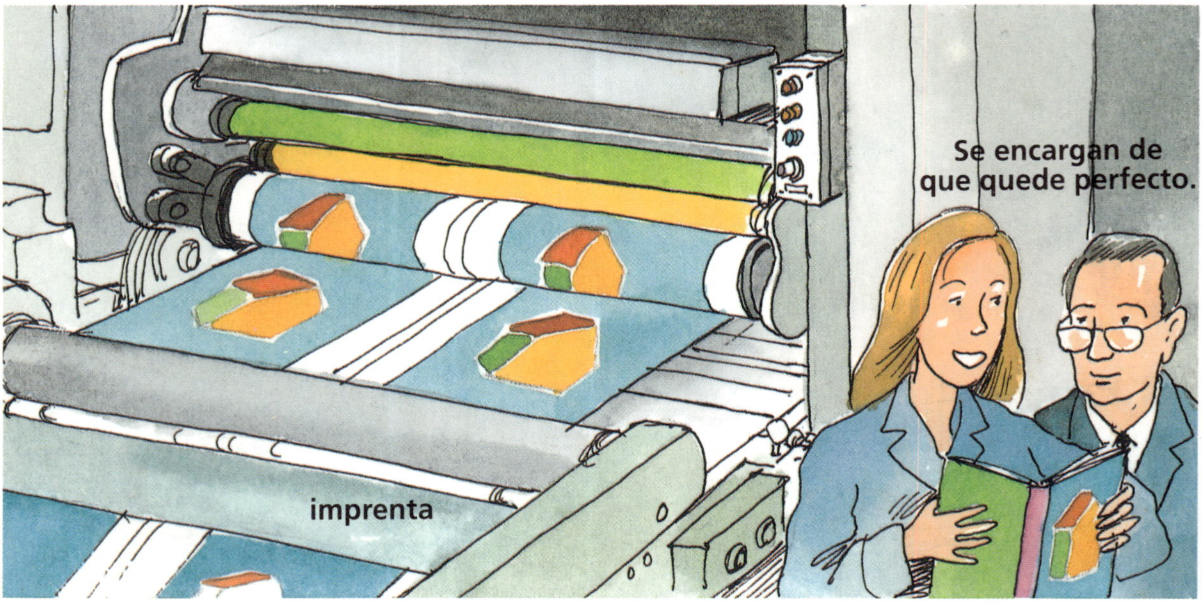

... y a otros inventos más nuevos, podemos ver los preciosos dibujos que hay en los libros, y las fotografías de las revistas, porque con la imprenta se pueden hacer muchos libros y muchas revistas iguales, para que muchas personas puedan tenerlos.

Y, ¿qué me dices de los tebeos y de las historietas? ¿Y de los álbumes en los que se pegan los cromos que coleccionamos, con nuestros personajes preferidos? Todo eso está lleno de dibujo y color, como este libro que ahora lees.

El mágico mundo del cine

Parece cosa de magia el que podamos ver cómo éramos y las cosas que hacíamos cuando éramos pequeñitos, porque mamá o papá nos hicieron una película o, por lo menos, unas fotografías. ¡Cuánto hemos cambiado! ¡Qué mayores somos ahora!

Cuando vamos al cine y se apagan las luces, en medio de la oscuridad empieza la magia: entramos en esa pantalla grande y nos pasan las mismas cosas que a los personajes de la película. Por eso a veces pasamos miedo, o nos da risa, o pena, o alegría...

Sonidos que llegan de lejos

Marcamos unos números..., y ¡zas!, nos ponemos a hablar con una persona que está lejos, y como si estuviera a un paso de nosotros. Nos oye y la oímos. Y cuando colgamos el teléfono, volvemos a estar lejos otra vez.

La radio se parece un poco al teléfono en que podemos oír a una persona que habla desde lejos, pero ella no puede oírnos a nosotros. En cambio, a ella la pueden oír muchas personas desde muchos lugares distintos. No está mal...

La televisión, como una ventana abierta

En nuestra misma casa, sin salir de ella, podemos ver y oír lo que pasa en cualquier parte del mundo. Cómodamente sentados, podemos ver los programas que nos gustan. Y, si no nos gustan, pues desenchufamos, y ya está.

Películas antiguas y nuevas, dibujos animados, conciertos de música, concursos, humor, noticias... Todo puede distraernos y enseñarnos muchas cosas; pero, además de ver la televisión, también pueden hacerse otras cosas interesantes. ¿Te sabes alguna?

Cuando queremos conservar imágenes y sonidos

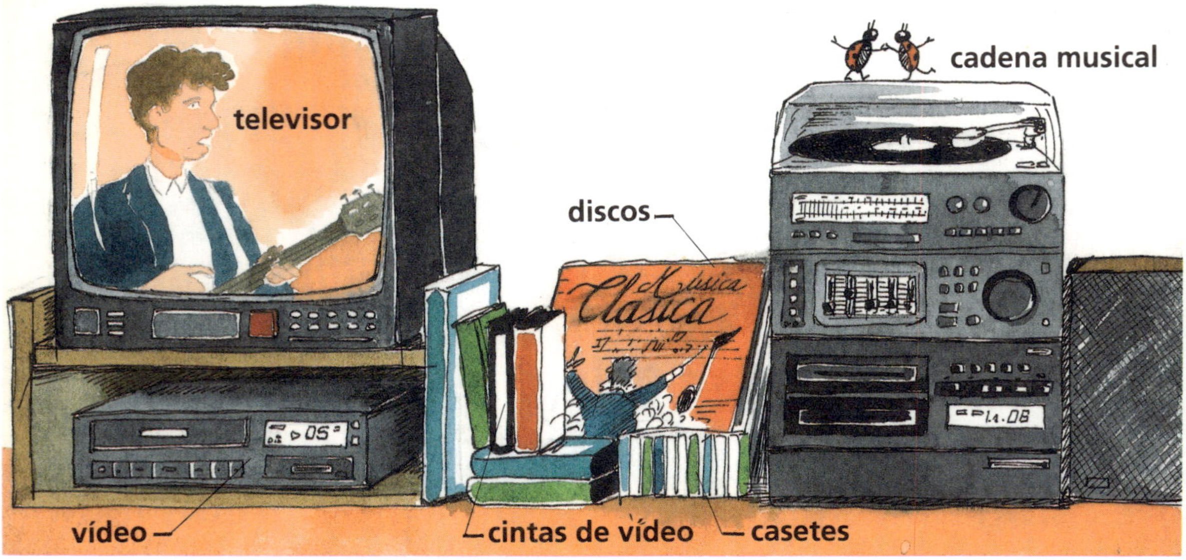

Los tenemos grabados en cintas de vídeo, si son para ver por el televisor, o en discos y casetes, si son para oír en el tocadiscos o en el magnetófono. Así podemos verlos y oírlos cuando queramos y las veces que queramos. ¡Qué inventos!

En un magnetófono también podemos grabar nuestras propias voces, nuestros cuentos, nuestros chistes, nuestras canciones. Y, si sabemos tocar algún instrumento, ¡pues grabamos nuestra música! Después, cuando lo escuchamos, a ninguno nos parece que esas sean nuestras voces, pero, ¡claro que lo son!

Formas, colores y sonidos, al natural

En una excursión al campo, o en una acampada... ¡Qué colores en el paisaje: en los campos, en los árboles, en las flores! ¡Vaya música la del agua de un arroyo, o la de las olas rompiéndose contra las rocas! Y para canciones..., las que cantamos en grupo, aunque no cantemos de maravilla. ¡Vamos! ¡No tienen comparación...!

A-a

ahora
álbum de cromos
álbum de sellos
alegría
antiguas
aparatos
apuntar
arroyo

B-b

barbilla
butacas

C-c

cable
cambiar
canto
cejas
chistes
codo
coleccionar
colgar
colocar
color
cómodamente
comparación
conservar
cromo
cuello

D-d

desenchufar
dibujo
discos
distraerse

E-e

enseñar
escuchar

F-f

formas
fotografías

G-g

gracias
grupo

H-h

historietas
humor

I-i

iguales
imprenta
inventos

L-l

lejos
lugares

M-m

magia
magnetófono
maravilla
(de maravilla)
marcar
micrófono

N-n

natural (al natural)
noticias
nuevos

O-o

oír (oyendo)
ojos
olvidar
oreja
oscuridad

P-p

pájaro
paso
pegar
película
pelo
pena
perfecto
periódico
permitir
personajes
programas
puesta de sol

R-r

rabo
radio
respaldo
revistas
risa
rodear (rodeados)
romper

S-s

sala de cine
salir
sello
sonar (suenan)
sonidos

T-t

tebeo
televisión
tirar
tocadiscos
tocar un
instrumento

V-v

ver
verdad (de verdad)
vídeo
volar
voz, voces

Z-z

¡zas!

La primavera.
El mundo de las plantas

En otoño se secan las hojas de los árboles y parece que algo se acaba. En cambio, en primavera, todo vuelve a nacer: a los árboles les salen hojas nuevas, nacen las flores, se oye el canto de los pájaros y parece que algo empieza. Empieza el buen tiempo y la gente parece más feliz. Hay más vida y color.

¿Nos agrada la primavera?

¿Conoces a alguien a quien no le guste el cambio de temperatura que se produce en primavera? ¿A quién no le gusta tumbarse en un prado de verde hierba? Tampoco están mal las meriendas campestres con la tortilla, las empanadillas y otras cosas ricas.

¡Flores por todas partes!

En los jardines, rosales con rosas suaves como el terciopelo; azucenas blancas y olorosas; violetas... En los campos, almendros, cerezos; margaritas, amapolas... La naturaleza se adorna con sus mejores colores y se va preparando para dar sus frutos en verano y en otoño.

Los verdes campos

Alguien sembró semillas, arrancó las malas hierbas, regó las tierras cuando había sequía, plantó pequeñas plantas que luego se harán grandes para el tiempo de la cosecha. Los labradores se ocupan de todo esto para que tengamos todos los alimentos que necesitamos.

Nuestros amigos los bosques

Siempre oímos que hay que cuidar los bosques. Y es que nunca tenemos que olvidar que son muy buenos para nuestra vida. Los árboles dan madera, leña, frutos... Sujetan la tierra para que no la arrastren las lluvias, limpian el aire, permiten que los pájaros hagan sus nidos en ellos...

Cultivando la tierra: los huertos

¡A las ricas verduras y los ricos frutos de la huerta! Cuando el cielo se nubla, y llueve, ¡cómo crecen! Y cuando les da el sol, ¡cómo maduran y qué hermosos se ponen!: coles, lechugas, pimientos, judías verdes, patatas, perejil, guisantes, melones, sandías... ¡Vaya cosecha!

Otros frutos que nos da la tierra

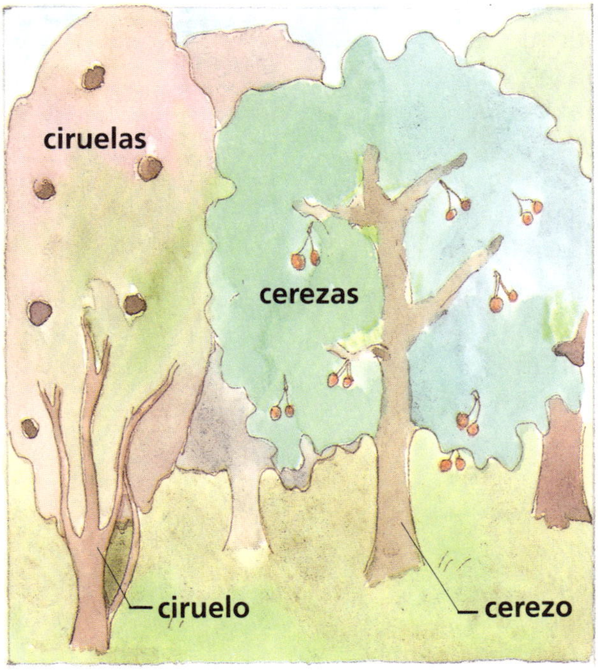

En los campos de frutales, cuando las flores se van convirtiendo en frutos, ¡que alegría para la vista, con sus cerezas, ciruelas, manzanas, albaricoques, melocotones, peras, plátanos...! ¡Frutas para parar un tren! ¡Ah! Y no nos olvidemos de las uvas, en sus viñas o en sus parras.

A-a

adornarse
agradar
albaricoque
albaricoquero
almendros
amapolas
arboleda
árboles
arbustos
arrastrar
azucenas

B-b

bigote
blanco, blanca
bosques

C-c

cambio
campanillas
canto
cavar (cavando)
cerezas
cerezo
ciruelas
ciruelo
claveles
coles
color
conocer
convertirse
(convirtiéndose)
copa de un árbol
cosecha

E-e

empanadillas
empezar
espalda
espigas

F-f

frente
frutales

G-g

girasoles
guardabosque
guisantes

H-h

hermosos
huerta
huertos

J-j

judías verdes

L-l

labrador
labradora
llover
lluvias

M-m

madurar
maíz
manzanas
manzano
margaritas
melocotón
melocotonero
melón
melonar

N-n

nacer
necesitar
nido

O-o

otoño

P-p

parras
paseo
patatas
pera
peral
perejil
pie
plantar
plantas
plátanos
prado

R-r

rama
regar
revolcarse
(se revuelcan)
rojo
rosales
rosas

S-s

salir (les salen)
secarse
sequía
suaves
sujetar

T-t

tapia
temperatura
terciopelo
tiempo
tierras
toro
tortilla

V-v

vegetación
verano
verde
verduras
vida
viña
violetas
vista

Hoy es día de limpieza

Las personas necesitamos lavarnos y arreglarnos, para no estar sucios ni oler mal, y también tenemos que acostumbrarnos a no manchar ni desordenar demasiado nuestras cosas. Luego, cuando hace falta, las ordenamos y las limpiamos. ¿Vale? Pues... ¡Manos a la obra!

¡Al agua, patos!: el aseo

Si sólo necesitamos lavarnos la cara, o las manos, porque las tenemos sucias o porque vamos a comer, lo hacemos en el lavabo, y nos las frotamos bien con jabón antes de aclararnos y de secarnos.

Cuando el lavado es de todo el cuerpo, nos duchamos o nos bañamos. La ducha es más rápida, y da gusto sentir cómo nos corre el agua por todo el cuerpo. En el baño nos entretenemos más, y estamos a remojo un ratito, dentro del agua con espuma.

Cómo nos arreglamos

Ya limpios, nos secamos, nos vestimos, nos peinamos y tratamos de quedar guapísimos. Nos ponemos colonia para oler bien. Una última ojeadita al espejo y, ¿qué nos dice nuestro espejito mágico?: "¡Da gusto verte!"

¿Ordenamos nuestro cuarto?

Puede dar tanto gusto jugar como ver el cuarto ordenado. Por eso, podemos hacer las dos cosas: primero jugar y luego recoger. Algunas veces damos un repaso a todo, porque cuando recogemos muy deprisa, no siempre se quedan todas las cosas en su sitio.

El cuidado de la ropa

La ropa también necesita que la cuiden. A veces basta con cepillarla, como pasa con los zapatos. Pero casi siempre hay que lavarla cuando está sucia, tenderla para que se seque, plancharla si está arrugada y coserla cuando tiene algo roto. ¡Cuántas cosas! ¿No?

La limpieza de la casa

En la casa hay muchas cosas que limpiar. Hay algunas que se limpian todos los días y otras que se limpian una vez a la semana o cada más tiempo; pero hay que hacerlo porque es higiénico y porque se está más a gusto en una casa limpia y arreglada.

Cuando se limpian los cristales, es como si desapareciesen, de lo transparentes que quedan. ¿Verdad? Y a los muebles, parece que les gusta que les quiten el polvo y que los dejen brillantes y con las cosas colocadas donde más bonitas queden.

A-a

aclararse
acostumbrarse
afeitarse
agua
arreglarse
(arreglarnos)
arrugarse, arrugada
aseo
aspiradora

B-b

baño
bastar
baúl
bayeta
botón
brillantes
brillo

C-c

cepillar
colocar
correr (resbalar)
coser
cuarto
cuidado
cuidar

D-d

desaparecer
desordenar
día
doblar la ropa
ducha
ducharse

E-e

estar a gusto
espejo

F-f

fregar
frotar

G-g

guapísimos
gusto

H-h

hacer falta
higiénico

L-l

lado
lavado
lavadora
lavar
lavarse
limpiar
limpieza
limpio, limpia
llevar

M-m

manchar
¡Manos a la obra!
meter
muebles

O-o

ojeada
oler
ordenar, ordenado

P-p

pensar
planchar, planchada
plumero
polvo
primero

Q-q

quitar el polvo

R-r

rápida
recoger
remojo
repaso
romper (roto)

S-s

sacar brillo
sentir (notar)
servir
sitio
subirse
sucios

T-t

tender
tirar
transparentes

U-u

última

V-v

vestirse

Verano y vacaciones: playa, pueblos y montaña

Cuando llega el verano, se termina el curso, se aproximan las vacaciones y nos preparamos para descansar y divertirnos. Cada familia elige un lugar donde pasar sus vacaciones. Se puede ir al pueblo de los abuelos, o a pasar unos días en el campo o en la playa; o quedarse en el lugar donde se vive...

Organizando el veraneo

Ser veraneante también da su trabajo: hay que empaquetar cosas, hacer las maletas... Todo resulta mejor si antes se hace una lista para no olvidar nada de lo que se quiere llevar.

Y luego, si se viaja por carretera, sobre todo en el mes de agosto, hay que aguantar caravanas, algunos conductores de mal genio que discuten, el calor del mediodía, el cansancio del viaje... ¡Qué lejos parece el momento de la llegada!

Vacaciones en el pueblo

Las personas mayores se distraen en grupos, con sus conversaciones, o jugando a las cartas o al dominó, o meciéndose perezosamente a la hora de la siesta.

Los más pequeños prefieren juntarse con su pandilla, recorrer el pueblo, jugar al escondite, a las chapas... Y ya, al final del verano, coger moras de las que crecen por los senderos o hacer marchas mientras se silba una canción.

Haciendo turismo

No es mala idea dedicar unas vacaciones a conocer ciudades o lugares interesantes por sus monumentos o sus paisajes. Se descansa poco, pero se conoce mucho mundo y se fotografía lo que se quiere recordar.

Pueden visitarse ciudades en fiestas. Entonces, se tiene la ocasión de ver calles iluminadas, verbenas, desfiles de carrozas, fuegos artificiales... Sin olvidar los tiovivos, las rifas, las golosinas y muchas más sorpresas.

Veraneo en la costa

La mayoría de la gente prefiere veranear en el mar. Les gusta bañarse en la playa, saltar las olas, ponerse morenos, navegar, si no se marean, y por la noche, un paseíto y algún helado.

Podemos estrenar un equipo de pesca que nos regalaron por nuestro cumpleaños ¡Qué lío de caña, carrete y anzuelo! Casi pasamos más tiempo desenredando el hilo que pescando, pero es emocionante esperar que pique algún pez.

Si elegimos un pueblo de montaña...

...Pasaremos un verano más fresco, podremos hacer excursiones, con una cantimplora y una linterna para explorar cuevas. Podemos descubrir algún lago escondido... y volveremos a casa cansados. También es posible que necesitemos gasa y esparadrapo para las caídas...

Si nos quedamos en nuestra ciudad...

...Será agradable salir de paseo, porque circulan menos coches. Podremos salir de compras, aprovechando las rebajas, y bañarnos en una piscina. Si vamos al cine, no tendremos que hacer cola y, como no hay que madrugar, podremos olvidar el despertador hasta el nuevo curso.

A-a

acostarse
agosto
anzuelo
aproximarse

B-b

botijo

C-c

cansancio
cantimplora
caña
caravana
carrete
carretera
carrozas
chapas
cohetes
conversaciones
costa
cuevas
cumpleaños

D-d

descansar
desenredar
desfile
despertador
discutir

E-e

elegir (elige)
empaquetar
enredarse
equipo de pesca
escondido
esparadrapo
esperar
estrenar

F-f

fiestas
fotografiar
fresco
fuegos artificiales

G-g

gasa

H-h

hacer cola
hacer las maletas
hacerse daño
hilo de pescar

I-i

idea
ir de compras

J-j

julio
juntarse

L-l

lago
linterna
lío
llegada
lugar

M-m

madrugar
mal genio
mal humor
marchas
marearse
mayoría
mecedora
mecerse
(meciéndose)
mochila
moras

N-n

navegar

O-o

olvidar

P-p

pandilla
pasar unos días
paseo marítimo
pensar
pescar

Q-q

quedarse

R-r

rebajas
recordar
resultar
rifas

S-s

senderos
septiembre
siesta
silbar
sorpresas

V-v

vacaciones
veraneante
veranear
veraneo
verano
viaje
visitar
vivir en un lugar
volver a casa

DICCIONARIO

A a

abajo Algo está más abajo que nosotros cuando estamos en una parte más alta y lo vemos desde arriba. (Página 117)

abanico Es un objeto que sirve para darnos aire y refrescarnos cuando tenemos calor, moviéndolo para los lados. (Pág. 125)

abecedario Es el conjunto de todas las letras, colocadas por orden. Como las primeras son "a", "be", "ce", "de", se llama abecedario. (Pág. 51)

abeja Es un animal de los que se llaman insectos. Tiene alas y su cuerpo está cubierto de pelitos. Se alimenta de las flores y fabrica cera y miel. (Pág. 37)

abierto, abierta Algo está abierto cuando está sin cerrar y se puede ver lo que hay dentro. (Pág. 132)

abrasarse Es igual que quemarse, asarse. (Pág. 130)

abridor Es el aparato que sirve para abrir latas o botellas. (Pág. 99)

abrigar, abrigarse Es tapar a alguien, o taparse, para no tener frío. (Pág. 133)

abrigo Es la prenda que nos ponemos encima de toda la otra ropa, cuando hace frío, para salir a la calle. Suele ser largo y tiene mangas. (Pág. 133)

abril Es el cuarto mes del año. En abril es primavera. (Pág. 145)

abrir Abrimos un paquete cuando quitamos el papel que lo envuelve y lo destapamos para ver qué hay dentro. (Pág. 62)

abuela La madre de tu madre es tu abuela. La madre de tu padre también es tu abuela. (Pág. 9)

abuelo El padre de tu padre es tu abuelo. El padre de tu madre también es tu abuelo. (Pág. 9)

aburrimiento Es lo que sentimos cuando nos aburrimos. (Pág. 18)

aburrirse Alguien se aburre cuando lo que hace no le gusta, no le divierte. (Pág. 18)

acabar Algo se acaba cuando ya no queda más, cuando se termina. (Pág. 135)

acatarrarse Es resfriarse, pillar un catarro. (Págs. 66 y 133)

accidente Es algo malo que puede ocurrir, como que alguien se haga una herida o se rompa algún hueso. (Pág. 67)

aceite Es un líquido, de color entre amarillo y verde, que se saca al machacar las aceitunas y que se usa para cocinar. (Pág. 82)

aceitunas Son los frutos que da el olivo. Por eso también se llaman olivas. (Pág. 82)

acera Es el lugar por donde pueden caminar las personas. Las aceras están a cada lado de la calle y son más altas. (Pág. 123)

aclararse Nos aclaramos cuando nos quitamos el jabón con agua. (Pág. 154)

acompañar Acompañar a una persona es estar con ella o ir con ella a alguna parte. (Pág. 10)

acordarse Nos acordamos de algo cuando lo tenemos en la memoria y pensamos en ello. (Pág. 113)

acostarse Es meterse en la cama para dormir, para descansar, o para curarse de una enfermedad. (Pág. 167)

acostumbrarse Cuando hacemos una cosa una vez y la seguimos haciendo más veces, ya la hacemos casi sin darnos cuenta: nos acostumbramos a hacerla. (Pág. 153)

actor, actriz Son personas que trabajan en el teatro o en el cine, haciendo el papel de los personajes. (Págs. 78 y 95)

acudir Acudir a un sitio es ir a ese sitio. Como "acudir a una fiesta", "acudir al trabajo"... (Pág. 106)

adentro Ir adentro es entrar a un lugar. Lo contrario es "ir afuera". (Busca **afuera**)

adivinanza Es un juego que consiste en saber responder una pregunta difícil que nos hacen para despistarnos. También se llama acertijo. (Pág. 79)

adivinar Es saber lo que va a pasar. También es acertar algo cuando nos lo preguntan de una manera un poco difícil. (Busca **adivino**)

adivino, adivina Son personas que pueden adivinar lo que va a pasar. (Pág. 31)

adornar Es poner adornos. (Pág. 147)

adorno Es algo que ponemos en un lugar para que quede más bonito. (Pág. 57)

afeitarse Es cortarse el pelo tan corto, que casi no se ve. (Pág. 155)

afuera Ir afuera es salir. Lo contrario es "ir adentro". (Pág. 57)

agosto Es el octavo mes del año. En agosto es verano. (Pág. 162)

agradable Es algo o alguien que nos gusta, que nos hace sentirnos bien. (Pág. 95)

agradar Es igual que gustar. (Pág. 146)

agrio, agria Son agrias las cosas que tienen un sabor ácido, como el limón o el vinagre, que nos hacen poner un gesto raro cuando las tomamos. (Busca **limón**)

agua Es un líquido transparente que no tiene color, ni sabor, ni olor. Nos sirve para beber, para lavarnos, para regar las plantas... Sin agua no podríamos vivir. (Págs. 36 y 108)

aguja (Pág. 99) Es una barrita fina de metal, con la punta afilada y un agujerito en el otro lado para meter un hilo y poder coser.

aguja (Pág. 71) Es un tubito de metal que se coloca en la jeringuilla para poner inyecciones.

ahí Decimos "ahí" cuando señalamos un lugar que no está tan cerca como "aquí" ni tan lejos como "allí". (Pág. 37)

ahogarse Alguien se ahoga cuando no puede respirar. (Pág. 67)

ahora Algo pasa ahora cuando está pasando en este momento. (Pág. 139)

ahorrar Es no gastarnos todo el dinero que tenemos, para que nos quede algo para otra ocasión. (Pág. 98)

aire El aire lo forman varios gases. Es lo que respiramos para poder vivir. Cuando el aire está limpio y sin humos lo llamamos aire puro. (Pág. 129)

aire libre Estamos al aire libre cuando no estamos dentro de ninguna casa y nos puede dar el sol, el viento... (Pág. 129)

alambre Es un hilo de metal. (Pág. 99)

albañil Persona que trabaja construyendo edificios, puentes..., con piedras, ladrillos y otros materiales. (Pág. 86)

albaricoque Es una fruta de verano. Es redondo, con color entre amarillo, naranja y rojo, y tiene un hueso dentro, donde está la semilla. (Pág. 151)

albaricoquero Es el árbol que da albaricoques. (Pág. 151)

álbum, álbumes Un álbum es un libro en el que hay espacios para pegar cromos, fotos, sellos... (Pág. 138)

alcachofa Verdura que tiene forma de

piña, y que está formada por hojas gorditas, colocadas unas sobre otras. (Pág. 83)

alcantarilla Es un lugar subterráneo de las poblaciones, a donde va a parar el agua de la lluvia y la que usamos en la cocina y en el cuarto de baño. (Pág. 125)

alegrar Una cosa nos alegra cuando nos hace estar alegres y contentos. (Pág. 139)

alegría Es lo que sentimos cuando estamos contentos. (Pág. 52)

alfiler Es un clavito de metal, que por un lado tiene punta y por el otro una cabecilla. Sirve para sujetar dos telas hasta que alguien las cosa. (Pág. 99)

alfombra Para notar el suelo menos duro o menos frío, o porque quedan bonitas, ponemos las alfombras. Son de un tejido de lana o de otra materia y son agradables por ser blandas. (Pág. 14)

alfombrilla Es una alfombra pequeña, para el baño o para la entrada de la casa. La de la entrada de la casa también se llama felpudo. (Pág. 47)

algo Significa "alguna cosa". (Pág. 119)

algodón Es una planta que da un fruto con el que se hace el algodón que tenemos en casa para distintos usos, como el de limpiar las heridas. También sirve para hacer telas. (Págs. 87 y 101)

alguien Significa "alguna persona". (Pág. 73)

alimentar Es dar el alimento a alguien. (Pág. 13)

alimento Es cualquier cosa que se come o se bebe para poder vivir. (Págs. 13 y 36)

allí Decimos "allí" cuando hablamos de algún lugar que no está muy cerca de nosotros.

almanaque Es un calendario que tiene una hojita para cada día del año. (Pág. 61)

almeja Es un animal que vive en el mar, metido en una concha de dos partes que se abren y se cierran, de modo parecido a como se abre y se cierra un libro. (Pág. 98)

almendra Las almendras son el fruto del almendro. Tienen forma alargada y la cáscara dura. La parte de dentro es la que se come. También sirve para hacer aceite, turrones y otros dulces. (Pág. 147)

almendro Es el árbol que da almendras. (Pág. 147)

almohada Es ese saco, relleno de algo blandito, que usamos para apoyar la cabeza cuando nos acostamos. (Pág. 13)

alto, alta Una cosa es alta cuando tiene mucha medida hacia arriba, como un rascacielos, una montaña... (Pág. 127)

alumbrar Algo alumbra cuando da luz. (Pág. 130)

amanecer Es hacerse de día, cuando se empieza a ver la luz del sol. (Pág. 130)

amapola Es una flor roja con el centro negro, que crece en el campo en primavera. (Pág. 146)

amarillo Es el nombre de un color. Es el color de los limones maduros. (Pág. 98)

amigo, amiga Es una persona a la que queremos, y con quien nos gusta estar, aunque no sea de nuestra familia. (Pág. 140)

amor Es algo que sentimos hacia algunas personas, que hace que nos guste estar con ellas, que deseemos que sean felices... (Pág. 60)

ancho, ancha (Pág. 131) Algo es ancho cuando tiene mucha medida de lado a lado. Por ejemplo, una autopista es más ancha que un camino.

ancho, ancha (Pág. 29) La ropa es ancha cuando queda algo floja y no aprieta el cuerpo.

andar Es dar pasos, caminar. (Pág. 67)

anginas Tenemos anginas cuando se nos pone la garganta inflamada y roja. (Pág. 70)

anilla Las anillas son aros que se colocan en una barra para colgar de ellas unas cortinas o unos visillos. (Pág. 45)

animal Llamamos animales a los seres vivos que no son plantas ni personas. (Pág. 34)

anochecer Es hacerse de noche, cuando deja de verse la luz del sol. (Pág. 130)

antes Algo ocurre antes que otra cosa cuando ocurre primero y la otra cosa ocurre después. (Pág. 12)

antiguo, antigua Una cosa es antigua cuando hace mucho tiempo que existe. (Pág. 141)

anzuelo Es un ganchito de metal que se usa para pescar. (Pág. 165)

año Un año es el tiempo que duran 365 días, divididos en doce meses. (Pág. 61)

Año Nuevo Se llama así el primer día de un año. Ese día es el 1 de enero. (Pág. 61)

apagarse Algo se apaga cuando ya no da luz o se le ha acabado el fuego. (Pág. 125)

aparato Es una máquina que sirve para hacer algún trabajo. (Pág. 140)

aparcar Es dejar un coche parado y colocado en un sitio que no estorbe. (Pág. 121)

aplaudir Es chocar muchas veces las palmas de las manos, una contra otra, cuando algo nos gusta. (Pág. 75)

aprender Es ir conociendo y sabiendo cosas. Lo que se aprende puede recordarse después. (Pág. 55)

aprovechar Aprovechamos algo cuando lo usamos para alguna cosa que nos viene bien, que nos hace falta. (Pág. 84)

aproximarse Una cosa se aproxima cuando está cerca, cuando ya falta poco para que llegue. (Pág. 161)

apuntar Es señalar con el dedo hacia un lugar para que alguien mire allí. (Pág. 139)

araña (Pág. 37) Es un animalito de ocho patas que fabrica una tela que se llama "telaraña", donde quedan enganchados otros animales pequeños, como moscas, mosquitos..., que le sirven de comida.

araña (Pág. 43) Hay lámparas que tienen varios brazos, como las arañas, y por eso también se llaman así.

árbitro, árbitra Son las personas que se encargan de que un juego se juegue como debe jugarse y sin hacer trampas. (Pág. 106)

árbol Los árboles son plantas que tienen un tronco fuerte, de madera, y unas ramas de las que salen hojas. (Pág. 121)

arboleda Es un lugar lleno de árboles. (Pág. 146)

arbusto Es una planta que tiene el tallo duro, como el de los árboles, pero tiene poca altura y las ramas le crecen desde abajo. (Pág. 149)

arcilla Es una clase de tierra que, al mezclarla con agua, forma un barro con el que se pueden hacer tejas, ladrillos, cacharros... Para que ese barro se ponga duro se cuece en un horno. (Pág. 85)

arder Algo arde cuando está encendido y se está quemando. (Pág. 57)

ardilla Es un mamífero que vive en los bosques. Tiene una cola grande y unos dientes apropiados para roer los frutos secos, como las avellanas, las nueces... (Pág. 39)

arena La arena la forman trocitos muy pequeños de las rocas. Suele haber arena en las orillas del mar y de los ríos y, cuando es fina, resulta suave al tocarla. (Pág. 21)

armario Los armarios son distintos muebles en los que se puede guardar ropa, cacharros, alimentos... (Págs. 45 y 47)

arrancar (Pág. 132) Algo se arranca cuando se separa de golpe de donde estaba sujeto.

arrancar (Pág. 115) Un coche, un autocar o un tren arrancan cuando empiezan a funcionar y a moverse.

arrastrar Decimos que la lluvia arrastra la tierra cuando la lleva por el suelo cuesta abajo, hasta otro lugar. (Pág. 149)

arreglar Es volver a dejar bien una cosa cuando se ha estropeado o se ha desordenado. (Pág. 91)

arreglarse Es lavarse, peinarse, vestirse, pintarse... para estar más guapos. (Pág. 155)

arriba Algo o alguien están arriba cuando están en la parte alta de una escalera, de una casa, de una montaña... (Pág. 117)

arroyo Es un río pequeño. (Pág. 131)

arroz Es una planta que da unos granos blancos que nos sirven de alimento. (Pág. 83)

arruga Cuando algo se dobla por un sitio que no debería doblarse, se forma una señal: eso es una arruga. (Pág. 157)

arrugarse Es formarse arrugas. Cuando la ropa se arruga hay que plancharla. (Pág. 157)

artistas Personas que actúan en espectáculos, como el circo, el teatro, el cine... (Pág. 78)

asa Es lo que sobresale en algunos objetos, como una cartera, una taza..., para poder agarrarlos. (Pág. 95)

ascensor Es un aparato con forma de cajón que sirve para subir y bajar de unos pisos a otros. (Pág. 43)

aseo Es la limpieza de nuestro cuerpo. (Pág. 154)

asiento Es cualquier cosa que sirve para sentarse en ella. (Pág. 107)

asomarse Cuando alguien se asoma a una ventana, a una ventanilla..., desde fuera podemos ver la parte que se asoma, y la otra parte, no. (Pág. 115)

áspero, áspera Decimos que algo es áspero cuando no da gusto tocarlo porque no está suave. (Busca **suave**)

aspiradora Es un aparato que sirve para quitar el polvo del suelo, de los muebles..., porque lo aspira hasta una bolsa que tiene dentro. (Pág. 158)

astro Son astros las estrellas, los planetas y todos los cuerpos que se mueven por el cielo. (Pág. 135)

asustarse Alguien se asusta, o está asustado, cuando recibe un susto o cuando tiene miedo. (Pág. 67)

atacar Es luchar contra alguien. (Pág. 70)

atar Es hacer nudos o lazos para que algo quede sujeto y no se suelte. (Pág. 26)

atención Escuchar o mirar con atención es escuchar o mirar sin distraernos. Hacer cualquier cosa con atención es hacerla fijándonos mucho en lo que hacemos. (Págs. 79 y 107)

atender Es mirar o escuchar con atención. También es hacer algo que alguien necesita, como hacer un recado, cuidar a una persona enferma... (Pág. 89)

aterrizaje Es lo que hace un avión cuando aterriza. (Pág. 117)

aterrizar Un avión aterriza cuando iba volando y se posa en tierra. (Pág. 117)

atragantarse Nos atragantamos cuando se nos queda algo atravesado en la garganta. (Pág. 69)

atreverse Es hacer algo peligroso sin tener miedo. (Pág. 67)

atropellar Es empujar y pasar por encima, como cuando un coche atropella a alguien. (Pág. 68)

atún Es un pez gordo y grande que tiene la carne algo roja y muy buena. (Pág. 36)

autobús Es un automóvil en el que caben muchos viajeros y que circula por las ciudades, para llevar a las personas de un sitio a otro. (Pág. 93)

autocar Es parecido a un autobús, pero sirve para hacer viajes más largos, por carretera. (Pág. 113)

automóvil Es un vehículo que funciona con un motor. Sirve para viajar en él y también se llama coche. (Págs. 86 y 113)

ave Son aves los animales que tienen plumas, dos patas, dos alas y una boca con forma de pico. Nacen de un huevo que pone su madre. Casi todas las aves vuelan. (Busca **animal**)

aventura Una persona corre una aventura cuando hace algo que no sabe cómo acabará, si tendrá algún peligro o si ocurrirá algo emocionante. (Pág. 135)

aventurero, aventurera Son las personas a las que les gustan las aventuras. (Pág. 134)

avestruz Es un ave grande que no vuela, pero corre mucho con sus fuertes patas. Tiene el cuello largo y la cabeza pequeña. (Pág. 39)

aviador, aviadora Son personas que pilotan un avión. (Pág. 78)

avión Es un vehículo que puede viajar por el aire, porque tiene unos motores y unas alas que hacen que no se caiga. (Pág. 93)

avispa Es un insecto parecido a la abeja, pero tiene menos pelitos y no fabrica miel. (Pág. 37)

avispero Un avispero es el lugar donde viven las avispas. (Pág. 37)

ayudante Es una persona que ayuda a otra cuando hace algo. (Pág. 12)

ayudar Es hacer un trabajo con otra persona, para que le resulte más fácil o para que tarde menos tiempo en hacerlo. (Pág. 70)

ayuntamiento Es el lugar donde se reúnen el alcalde y los concejales de una población, para tratar de los problemas que hay que solucionar en ella. (Pág. 122)

azafata Mujer que atiende a los pasajeros de un avión. Los hombres que hacen el mismo trabajo se llaman "auxiliares de vuelo". (Pág. 93)

azucena Es una flor blanca y grande que huele muy bien. (Pág. 147)

azul Es el nombre de un color. Es el color del cielo cuando no tiene nubes. (Pág. 110)

B b

babero Es una prenda que se sujeta al cuello, encima de la ropa, y que la protege para que no se manche. (Pág. 28)

babuchas Son unas zapatillas cómodas que no tienen talón, y por eso se ponen y se quitan más fácilmente. (Pág. 28)

bailar Es mover el cuerpo al compás de la música. (Pág. 114)

bailarín, bailarina Personas que se dedican a bailar: ese es su trabajo. (Pág. 78)

bajar Es ir a un lugar que está más bajo. (Pág. 110)

balancín Es una tabla apoyada por la mitad, en la que pueden columpiarse dos personas a la vez, una a cada lado. Cuando una sube la otra baja, y al revés. (Pág. 21)

balcón Es como una ventana que llega hasta el suelo, y por fuera sobresale un poco. Tiene una barandilla para que podamos apoyarnos sin caernos a la calle. (Pág. 42)

ballena Las ballenas son los animales más grandes de la Tierra. Aunque viven en el agua y su forma es parecida a la de los peces, son mamíferos. (Pág. 36)

balón Es una pelota grande que se usa para jugar al fútbol, al baloncesto, al balonvolea... (Pág. 106)

baloncesto Es un deporte en el que los cinco jugadores de cada equipo intentan meter el balón en la cesta del equipo contrario. Gana el equipo que más puntos consigue. (Págs. 52 y 106)

banco (Pág. 121) Es un asiento largo en el que caben varias personas.

banco (Págs. 94 y 121) Es el lugar donde se guarda el dinero y se va a buscarlo cuando se necesita.

bandera Es una pieza de tela que va sujeta por un lado a una barra, y que tiene los dibujos y colores de un país, de una ciudad, de un equipo... (Pág. 122)

banderín Es una bandera pequeña. (Pág. 110)

banqueta Es un asiento pequeño que no tiene respaldo para apoyar la espalda. (Pág. 45)

bañador Es la clase de ropa que nos ponemos para bañarnos en el mar, en un río, en una piscina..., donde hay otras personas. (Pág. 29)

bañarse Alguien se baña cuando se mete en el agua para nadar, para refrescarse, para limpiarse... (Págs. 119 y 154)

bañera Es una pila para bañarse. (Pág. 47)

baño Tomamos un baño cuando nos bañamos. También llamamos baño al cuarto de baño. (Págs. 47 y 154)

baraja Una baraja está formada por cartas (que también se llaman naipes) y sirve para jugar a muchos juegos distintos. (Pág. 18)

barandilla Es una pieza de los edificios que se coloca en las escaleras, en las terrazas y en los balcones para agarrarse a ella y no caerse abajo. (Págs. 43 y 127)

barato, barata Es algo que nos parece que cuesta poco dinero. (Pág. 98)

barba Es el pelo que crece en la cara. (Pág. 75)

barbilla Es la parte de abajo de la cara. Está debajo de la boca y tiene forma redondeada o con algo de pico. (Pág. 138)

barca Es un barco pequeño que se mueve con remos. (Pág. 93)

barco Es un vehículo que sirve para viajar o para transportar cosas por el agua, porque está hecho de tal manera que puede flotar. (Pág. 93)

barra Es una pieza larga y estrecha que sirve para colgar cortinas. También hay barras que sirven para practicar deportes y ejercicios de gimnasia. (Pág. 47)

barranco Es un lugar del terreno por el que, al asomarnos, vemos que está muy hondo, como si estuviera cortado de arriba abajo. (Pág. 115)

barrendero, barrendera Personas que barren las calles. (Pág. 89)

barrera Es una barra de palos o tablas que se pone para que la salten los caballos, en las carreras, o para cerrar un sitio y que no se pueda pasar. (Pág. 109)

barril Es una cuba que se usa para llevar líquidos. (Pág. 82)

barrio Para cada persona, su barrio es la zona donde vive, dentro de su ciudad o su pueblo. (Pág. 126)

barro Es una masa hecha con tierra y agua. (Pág. 131)

báscula Es un aparato que sirve para saber cuánto pesa algo o alguien. (Págs. 71 y 98)

bastar Una cosa basta o es bastante cuando no hace falta más. (Pág. 157)

bastón Es una vara con un puño que sirve para apoyarse al andar. (Pág. 125)

basura Es lo que tiramos porque no se puede aprovechar más. (Pág. 91)

bata Es una prenda de vestir cómoda, que no aprieta y que se usa para estar en casa. También hay batas de trabajo que sirven para que no se manche la ropa que se lleva debajo. (Págs. 28 y 30)

batalla Es una lucha entre dos grupos, para ver cuál de ellos gana. (Pág. 133)

baúl Es una caja grande que sirve para guardar ropa, juguetes... (Pág. 156)

bayeta Es un trozo de tela que se usa para limpiar el polvo, para fregar... (Pág. 153)

bebé Niño o niña pequeñitos. Los bebés necesitan que los cuiden, que los limpien y que les den de comer, porque aún no pueden hacerlo ellos solos. (Pág. 13)

beber Es tomar algún líquido. (Pág. 61)

bebida Es un líquido que se bebe. (Pág. 124)

belén También se llama "nacimiento", y se pone en Navidad, con figuritas que representan el nacimiento de Jesús. (Pág. 57)

bello, bella Todo lo que es bonito, lo que tiene belleza. (Pág. 127)

beso Es una caricia que se hace con los labios. (Pág. 115)

besugo Es un pez de mar, de carne blanca y muy fina. (Pág. 98)

biberón Es una botella pequeña con una tetina de goma, por donde beben la leche los bebés. (Pág. 101)

biblioteca Es una habitación en la que hay estanterías con libros, colocados de manera que se puedan encontrar fácilmente los que se buscan. (Pág. 53)

bicho Llamamos bichos a los animales pequeños, aunque también podemos llamárselo a cualquier animal, o a una persona, para decir que es un poco mala. (Pág. 37)

bicicleta Es un vehículo en el que nos podemos montar. Tiene dos ruedas, pedales y manillar. Cuando pedaleamos dan vueltas las ruedas y la bici se mueve. (Pág. 21)

bien Hacer una cosa bien es hacerla como conviene que se haga. (Pág. 67)

bigote Es el pelo que nace entre la nariz y la boca. (Pág. 149)

billete Es una tarjetita que hay que pagar para poder viajar en el tren, en un autobús... También hay billetes que son dinero. (Pág. 116)

blanco, blanca Las cosas son blancas cuando son del color más claro que hay, como el de la nieve. (Pág. 133)

blusa Es una prenda de vestir que llega desde los hombros hasta la cintura, o un poco más abajo, y se usa con una falda o un pantalón. (Pág. 27)

boca Es el hueco que tenemos en la

cara, donde está la lengua, los dientes y los labios. Usamos la boca para comer, para hablar, para sonreír... (Pág. 70)

bocadillo Es algo que se come, y se hace abriendo por la mitad una barrita o un trozo de pan y metiendo dentro jamón, chorizo, queso... (Pág. 116)

boda Se celebra una boda cuando se casan dos personas para vivir juntas y formar una familia. (Pág. 11)

bodega Es una especie de cueva donde se guarda el vino, y suele estar bajo tierra, en un subterráneo. (Pág. 22)

bofetada Es un golpe que se da a alguien, en la cara, con la mano abierta. (Pág. 75)

bola Es un cuerpo redondo. Las bolas del árbol de Navidad suelen ser de colores brillantes, para que adornen. Las bolas de nieve se hacen con las manos, para jugar a tirárselas a alguien. (Págs. 60 y 133)

bollo Es un dulce hecho con harina, leche, huevos... (Pág. 82)

bolsa Es como un saco con asas donde se guarda o se lleva algo. (Pág. 118)

bolso Es una bolsa no muy grande donde se meten las cosas más necesarias, como el monedero, las llaves... (Pág. 27)

bombero, bombera Son las personas que apagan fuegos y ayudan a la gente que está en peligro. (Pág. 30)

bombilla Es un objeto de cristal hueco que da luz cuando pasa por él una corriente eléctrica. (Pág. 99)

bonito, bonita Es lo que nos gusta porque nos parece lindo y agradable. (Pág. 31)

bosque Es un sitio lleno de árboles y otras plantas. (Pág. 149)

bota Es una especie de bolsa de piel que sirve para llevar vino. Tiene una boquilla por la que se puede beber. (Pág. 114)

botas Son una clase de calzado que tapa el pie y un poco de la pierna. Se ponen cuando hace frío o cuando llueve, pero también hay botas para hacer algún deporte o algún trabajo. (Pág. 26)

bote Es un tarro de cristal, o una lata, que sirve para tener alimentos en conserva. (Pág. 100)

botella Las botellas son vasijas alargadas que tienen el cuello estrecho y sirven para contener líquidos. (Pág. 15)

botijo Es un cacharro de barro cocido que sirve para beber agua. Tiene una boca para llenarlo, un asa para agarrarlo y un pitorro para beber. (Pág. 130)

botiquín Es un armarito o una caja que tiene dentro medicamentos y objetos que sirven para curar a alguien en seguida, cuando le pasa algo. (Pág. 70)

botón Es una pieza que se pone en la ropa para poder abrocharla y desabrocharla. También hay botones para manejar aparatos. (Pág. 99)

braga (o bragas) Es una prenda que usan las mujeres y las niñas por dentro, debajo de la falda o del pantalón. (Pág. 26)

brazo (tener en brazos) Los brazos son las partes de nuestro cuerpo que van desde los hombros hasta las manos. Cuando sujetamos a un bebé con nuestros brazos, lo tenemos en brazos. (Pág. 12)

brillante Es algo que brilla. (Pág. 159)

brillar Es reflejar rayos de luz. (Pág. 130)

brillo Es un reflejo de luz que tienen las cosas que brillan. (Pág. 159)

bruja, brujo Son personajes de los cuentos. Son feos y malos y tienen poderes para hacer cosas difíciles. (Pág. 20)

bueno, buena Un momento es bueno para hacer algo cuando es el momento en el que eso se puede hacer bien. Una persona es buena cuando se porta bien con los demás. (Pág. 106)

buey Es un animal mamífero, grande y con cuernos. Su hembra es la vaca. (Pág. 59)

bufanda Es una tira suave que sirve para abrigar el cuello y la boca. (Pág. 26)

burro, burra Son animales parecidos a los caballos, pero más pequeños. (Pág. 114)

buscar Es mirar y moverse para encontrar algo o a alguien. (Pág. 22)

butaca Es un asiento cómodo, con brazos. (Págs. 28 y 139)

buzo Los buzos son las personas que trabajan debajo del agua. Llevan un traje especial para poder respirar. (Pág. 30)

buzón Es la abertura por donde se echan las cartas al correo y también el lugar al que caen, que es como una caja o bote grande. (Pág. 121)

C c

caballitos Es una manera de llamar a los tiovivos de las ferias y de los parques de atracciones. (Pág. 77)

caballo Los caballos son animales mamíferos, grandes y fuertes. Tienen pelos largos en la cola y en el cuello, que se llaman crines. Se dejan montar para correr sobre ellos y también hacen otros trabajos. (Pág. 74)

caber En una bolsa, una caja o cualquier cacharro, cabe todo lo que podemos meter dentro, hasta que se llena. (Pág. 134)

cabeza Es la parte del cuerpo en la que están los ojos, las orejas, la nariz y la boca. (Pág. 74)

cable Un cable es un cordón de hilos de metal que va cubierto por un plástico. (Págs. 68 y 140)

cabra Las cabras son mamíferos que tienen cuernos y dan leche, pero son más pequeñas que las vacas. Tienen facilidad para trepar y subirse a sitios altos. Para decir que una persona es un poco loca, decimos que "está como una cabra". (Pág. 35)

cabrero, cabrera Son pastores de cabras. (Pág. 81)

caca Es lo que sobra en nuestro cuerpo después de que se ha quedado con lo que necesita de los alimentos que hemos tomado. (Pág. 47)

cacerola Es un cacharro de forma redonda, con asas, que sirve para cocinar. (Pág. 46)

cacharros Son los recipientes que se usan en la cocina y que sirven para cocinar o comer en ellos. (Pág. 46)

caerse Nos caemos cuando perdemos el equilibrio y nos vamos al suelo de golpe. (Pág. 111)

caída Es lo que ocurre cuando alguien o algo se cae. (Pág. 67)

caja Es un envase que se puede cerrar con una tapa. (Pág. 59)

cajón Los cajones son una especie de cajas que tienen algunos muebles, como los armarios, las mesas..., y que se pueden abrir y cerrar, tirando de ellos hacia fuera o empujando hacia dentro. Sirven para guardar cosas. También hay cajones que son cajas grandes y que no forman parte de ningún mueble. (Pág. 45)

calcetines Son unas prendas de vestir, de punto fino, que nos tapan el pie y una parte de la pierna, sin pasar de la rodilla. (Págs. 29 y 99)

calcular Es hacer cálculo, como sumar, restar, multiplicar o dividir. (Busca **suma**)

calefacción La calefacción la forman todos los aparatos que sirven para calentar una casa o un edificio. (Pág. 85)

calendario Es un conjunto de papeles o cartulinas donde están escritos los meses, las semanas y los días del año. (Pág. 62)

calentador Es un aparato que sirve para calentar el agua. (Pág. 46)

calentar Decimos que algo calienta cuando da calor, como el fuego, la calefacción, el Sol... (Págs. 27 y 119)

calle Una calle es el espacio que hay entre dos filas de casas. También se llama calle a la parte de fuera de las casas; por eso, cuando salimos de casa decimos que vamos a la calle. (Pág. 122)

calor Es lo que notamos cuando nos acercamos a algo que está más caliente que nosotros, o cuando nos da el sol... (Págs. 26 y 130)

caluroso, calurosa Es lo que tiene calor o lo que da calor. (Pág. 130)

calzado Es cualquier clase de zapatos, zapatillas, sandalias..., que nos ponemos en los pies. Nos sirven para andar sin hacernos daño en el suelo. (Pág. 97)

calzoncillo (o **calzoncillos)** Prenda que usan los niños y los hombres por dentro, debajo del pantalón. (Pág. 26)

cama Es ese mueble con colchón en el que nos acostamos para dormir. (Pág. 45)

camarero, camarera Son personas que atienden a los clientes de un café, un bar, un hotel..., y les sirven lo que han pedido. (Pág. 95)

cambiar (Pág. 53) Cambiamos cuando damos una cosa y nos dan otra. Se pueden cambiar cromos, libros...

cambiar (Pág.139) Algo cambia cuando deja de ser como era, para ser diferente.

cambio Es lo que ocurre cuando algo cambia. (Pág. 130)

camello, camella Los camellos son mamíferos grandes y de cuello largo. Tienen una o dos jorobas encima del lomo. Los que tienen una sola joroba también se llaman dromedarios. (Pág. 39)

caminante Persona que camina. (Pág. 114)

caminar Es ir andando de un lugar a otro. (Pág. 68)

camino Es un terreno estrecho y largo por donde se anda, porque está más liso que la parte de fuera. Lleva de un pueblo a otro, o de un lugar a otro. (Pág. 114)

camino de Ir camino de algún lugar es ir hacia ese lugar. (Pág. 114)

camión Es un vehículo grande, con un motor muy fuerte, que sirve para transportar toda clase de objetos. (Pág. 93)

camisa Es una prenda de vestir que tapa desde el cuello hasta un poco más abajo de la cintura. Puede ser de manga corta o de manga larga. (Pág. 27)

camiseta Es una prenda de punto fino que se pone directamente sobre el cuerpo. (Pág. 26)

camisón Es como un vestido que se usa para dormir. (Pág. 28)

campamento Es un lugar donde se ponen tiendas de campaña para pasar algún tiempo en el campo. (Pág. 119)

campana Es un instrumento de metal que suena cuando se mueve una especie de barra, que se llama badajo, y golpea, varias veces, a la campana por dentro. (Pág. 63)

campanario Es la torre donde hay campanas. (Pág. 122)

campanilla Es una campana pequeña.

También se llaman campanillas las flores que tienen forma de campana. (Pág. 149)

campeón, campeona Personas que ganan un campeonato. (Pág. 110)

campeonato Es como un concurso de algún deporte, en el que se trata de ver qué persona o qué equipo lo hace mejor. (Pág. 107)

campesino, campesina Son personas que viven en el campo y que siembran y recogen lo que el campo produce. (Pág. 81)

campo Llamamos campo a la tierra que está fuera de las ciudades. Puede tener hierba, árboles..., o estar sembrado por labradores para cultivar plantas. (Pág. 130)

canario, canaria Los canarios son unos pájaros, casi siempre de color amarillo, que cantan muy bien. (Pág. 34)

canción Una canción es algo que se canta. (Págs. 55 y 142)

cangrejo Es un animalito que tiene el cuerpo duro por fuera, y sus patas de delante son pinzas que le sirven para sujetar la comida, para pelear... Vive en los mares o en los ríos. (Pág. 36)

canica Las canicas son unas bolitas de colores con las que se puede jugar a varios juegos. (Pág. 20)

cansancio Sentimos cansancio cuando nos encontramos débiles y con pocas fuerzas porque nos hemos cansado. (Pág. 162)

cansarse Es sentir cansancio después de haber jugado, o haber caminado o haber trabajado mucho. (Pág. 14)

cantante Es una persona que se dedica a cantar: ese es su trabajo. (Pág. 95)

cantar Es decir algo con música, en vez de decirlo como cuando hablamos. También cantan algunos pájaros. (Pág. 55)

cantimplora Es una especie de botella algo aplastada, de metal, que va forrada de un tejido. Se usa para llevar agua. (Pág. 166)

canto El canto de los pájaros es el conjunto de sonidos que producen algunas aves y que suena muy bien. (Pág. 145)

caña Las cañas son tallos de algunas plantas. Son huecas y con algunos nudos. Algunas se usan para pescar, con un hilo y un anzuelo. (Pág. 165)

capa Es una prenda de vestir, suelta y sin mangas, que se pone encima de la otra ropa. (Pág. 97)

capitán Es la persona que dirige un barco, y a quien tienen que obedecer las personas que trabajan en él. (Pág. 93)

caprichoso, caprichosa Personas que quieren hacer todo lo que se les antoja. (Pág. 97)

capucha Es un gorro que acaba en punta y que va sujeto al abrigo, a la gabardina, al anorak... (Pág. 131)

cara Es la parte de la cabeza que está delante. Va desde la frente hasta la barbilla. (Pág. 115)

caracol Es un animal pequeño que tiene el cuerpo dentro de una concha. Hay caracoles de tierra y caracoles de agua. (Pág. 37)

caramelo Es un dulce de azúcar con algún sabor, que se toma chupándolo en la boca hasta que se deshace. (Pág. 100)

caravana Se forma una caravana cuando hay muchos automóviles en la carretera y circulan muy despacio. (Pág. 162)

carbón Es una clase de roca de color oscuro que puede arder y se usa para que dé calor mientras arde. (Pág. 85)

carga Es lo que se transporta en cualquier vehículo. (Pág. 93)

caricia Es un gesto de cariño que se hace tocando suavemente. (Pág. 12)

cariño Es lo que sentimos por las personas o los animales a los que queremos. (Pág. 103)

cariñoso, cariñosa Son cariñosas las personas que tratan con amor a los demás. También se puede decir que algunos animales son cariñosos. (Pág. 60)

carne Es la parte del cuerpo de algunos animales que nos sirve de alimento. Comemos la carne y dejamos los huesos. (Págs. 35 y 98)

carnicería Es una tienda en la que venden carne. (Págs. 92 y 98)

carnicero, carnicera Son las personas que venden carne. (Págs. 92 y 98)

caro, cara Las cosas son caras cuando cuestan más dinero del que deberían costar. (Pág. 91)

carpintería Lugar donde se hacen o se arreglan muebles. (Pág. 83)

carpintero, carpintera Personas que trabajan en una carpintería. (Pág. 83)

carrera Se hacen carreras cuando varias personas, saliendo al mismo tiempo, intentan llegar las primeras a la meta. Gana la que llega la primera. (Pág. 111)

carrete Es un tubo, más ancho por los lados, donde se enrolla hilo. Hay carretes de hilo de coser, y carretes de hilo de pescar que van sujetos a la caña. (Pág. 62)

carretera Es un camino que tiene el suelo duro y liso para que puedan circular los coches sin dar botes. (Págs. 87 y 113)

carretilla Es un carrito que tiene una rueda delante para que se mueva con facilidad, dos patas detrás para apoyarlo cuando nos paramos y dos mangos para agarrarlo. Suelen usarlo los albañiles para llevar ladrillos, cemento... (Pág. 87)

carro Es un vehículo hecho de madera y de hierro. Tiene una o dos varas a las que se engancha algún animal fuerte, como caballos, bueyes..., que tiran del carro y lo hacen andar. (Pág. 111)

carroza Es una especie de carro grande y con adornos. Las carrozas suelen desfilar por las calles cuando hay fiestas, para que todos puedan verlas. (Pág. 164)

carta Es algo que escribimos y que después metemos en un sobre y se lo mandamos a alguien por correo para que lo lea. (Págs. 30 y 125)

cartas También pueden llamarse naipes, y son unas cartulinas que tienen figuras pintadas. Todas las cartas juntas forman una baraja. (Pág. 18)

cartel Los carteles son papeles que tienen algo escrito o dibujado y que se colocan donde pueda verlos la gente, para anunciar algo. (Págs. 73 y 123)

cartera Es una bolsa que usan los carteros y las carteras para llevar las cartas que tienen que repartir; pero también se llama cartera la que usamos para llevar las cosas del colegio. (Pág. 30)

cartero, cartera Son las personas que reparten las cartas y otros papeles que se mandan por correo. (Pág. 30)

cartulina Es un cartón fino y liso. Puede ser de muchos colores. (Pág. 103)

casa Lugar en el que viven las personas. Tiene habitaciones, que se usan para comer, para estar, para dormir... (Pág. 42)

cáscara Es una parte dura que tienen por fuera algunas frutas, los huevos, algunos animales... (Busca **concha**).

casco Es como un sombrero duro y resistente que sirve para proteger la cabeza de los golpes. (Págs. 30 y 111)

caseta Podemos llamar casetas a las casas pequeñas, de un solo piso; a las que usan los perros para dormir y a las que hay en las ferias. (Págs. 35 y 77)

castaña Es un fruto redondo y con pinchos. Por dentro tiene una cáscara marrón que envuelve la parte que se come. (Pág. 58)

castillo Es un edificio grande, fuerte y con murallas; algunos tienen varias torres. (Pág. 122)

catarro Es una enfermedad que no nos deja respirar bien. (Busca **acatarrarse**).

cavar Es remover la tierra con una herramienta para que se ponga más blanda y esponjosa. (Pág. 150)

cazo Hay cazos para calentar comida, que son cacharros de metal, con mango. Y otros, como los que se usan para servir la sopa, que son como media bola hueca, con un mango largo. (Pág. 46)

cebolla Es una planta comestible. Tiene un olor fuerte y un sabor picante. (Pág. 98)

cebra Las cebras son animales salvajes parecidos a los caballos, pero con la piel a rayas. (Pág. 39)

cejas Son unas curvitas con pelos, que tenemos encima de los ojos y les dan algo de sombra. (Pág. 138)

celebrar Es hacer una fiesta cuando pasa algo importante. (Pág. 11)

cemento Es un polvo que, cuando se mezcla con agua y se deja secar, se pone muy duro. Se usa para la construcción. (Pág. 87)

cenar Es tomar la última comida del día. (Pág. 61)

cenicero Es un platito que se usa para echar la ceniza y apagar los cigarrillos. (Pág. 44)

ceniza Es el polvo de color gris que queda después de que algo se ha quemado. (Busca **cenicero**).

cepillar Es limpiar algo con un cepillo. (Pág. 157)

cepillo Es un objeto que se usa para limpiar algo, frotando con él. Tiene una especie de pelos, que van sujetos a una pieza de madera o de plástico. (Págs. 46 y 47)

cerdo, cerda Los cerdos son mamíferos que tienen la cabeza grande, la nariz chata y redonda, las patas cortas y el rabo pequeño. Su pelo es corto y áspero. (Pág. 35)

cereza Es una fruta redonda y pequeña, con la piel lisa y roja, y un rabito largo. Tiene la carne muy rica y un hueso dentro, en el que está la semilla. (Pág. 151)

cerezo Es el árbol que da cerezas. (Pág. 151)

cerillas Son unas barritas finas que sirven para encender fuego, porque tienen una sustancia que arde al frotarla con algo áspero. (Pág. 97)

cerradura Es un aparato de metal que se pone en las puertas y en algunos muebles, para cerrarlos. Se abre y se cierra con una llave. (Pág. 43)

cerrar Es dejar algo sujeto o tapado, para que no se abra. (Pág. 132)

cerveza Es una bebida que hace mucha espuma y tiene alcohol. (Pág. 124)

césped Es hierba corta y espesa. (Pág. 90)

cesta Es un recipiente hecho de varas y mimbres que sirve para llevar algo dentro. (Pág. 114) También se llama cesta la que hay en los campos de baloncesto, que tiene un aro de metal y una red. (Pág. 106)

chaleco Es una prenda de vestir que no tiene mangas. Se usa encima de una camisa. (Pág. 97)

champú Es un jabón líquido, especial para lavar el pelo. (Pág. 47)

chándal Ropa que se usa para hacer

deporte o para estar cómodos. Consiste en un pantalón largo y una chaqueta o un jersey de manga larga. (Pág. 28)

chapa Es un tapón de metal para botellas. (Pág. 163)

chaparrón Es una lluvia fuerte que cae de repente y dura poco. (Pág. 131)

chapotear Es mover las manos y los pies en el agua, salpicando y haciendo ruido. (Pág. 23)

chaqueta Prenda de vestir que tiene mangas y llega hasta la cintura o hasta las caderas. Va abierta por delante y puede llevar botones, cremallera... (Pág. 27)

charco Es el agua que se queda en un hoyo cuando llueve. (Pág. 131)

charlar Varias personas charlan cuando hablan de distintas cosas, sin prisa, y para entretenerse. (Pág. 122)

chicle Es una golosina que se mastica. Puede tener distintos sabores. (Pág. 126)

chico, chica Es otra manera de decir "niño" o "niña". (Pág. 15)

chiflado, chiflada Estar chiflados es estar un poco locos. (Pág. 135)

chimenea Es un hueco en el que se puede hacer fuego dentro de una casa, para que no haga frío. También es el tubo por donde sale el humo. (Págs. 35 y 44)

chispa Es un trocito de algo encendido que salta. (Pág. 131)

chiste Es algo gracioso que se cuenta y que hace reír. (Pág. 142)

chocar Una cosa choca con otra cuando se da un golpe contra ella. (Pág. 111)

chocolate Es un alimento que se hace con azúcar y cacao molido. (Pág. 100)

chorizo Es un embutido que se hace con carne, sal y pimentón, y después se deja secar al aire. (Pág. 84)

chorrear Es caer un líquido a chorros. Decimos que nos ponemos chorreando cuando nos mojamos tanto que nos cae el agua por el cuerpo y por la ropa. (Pág. 131)

chorro Es un líquido que sale con fuerza por un agujero o una fuente. (Pág. 122)

chuleta Es una costilla con su carne. Puede ser de ternera, cerdo... (Pág. 98)

chupete Es un objeto de goma que chupan los niños pequeños para entretenerse. Tiene la forma apropiada para tenerlo en la boca. (Pág. 101)

churro Es un alimento hecho con una masa de harina, agua y sal, que luego se fríe. (Pág. 76)

cicatriz Cuando nos hacemos una herida, después de curarse deja una señal: eso es una cicatriz. (Pág. 70)

ciclista Es una persona que monta en bicicleta. (Pág. 111)

cielo Es el espacio que vemos de color azul y que rodea la Tierra. (Pág. 110)

ciempiés Es un bichito con muchas patas. No tiene cien, pero se le llama así porque tiene muchas. (Pág. 37)

ciervo, cierva Son mamíferos de tamaño mediano. Tienen las patas finas, con las que corren y saltan muy bien. El ciervo tiene unos cuernos grandes, con una forma parecida a la rama de árbol. (Pág. 59)

cigarrillo Es tabaco picado y envuelto en un papel fino. Puede tener filtro para que pase menos humo al fumarlo. (Pág. 97)

cigüeña Ave que tiene el cuello, las patas y el pico largos. Suele hacer su nido en sitios altos, como los campanarios de las iglesias. (Pág. 122)

cine Es un lugar adonde se puede ir a ver películas. (Pág. 125)

cinturón Es una tira que sirve para sujetar el pantalón o la falda. También se usa para ajustar un vestido o una bata a la cintura. (Pág. 27)

circo Es un espectáculo al que vamos a divertirnos. Podemos ver equilibristas, payasos, fieras... (Pág. 74)

circulación La forman todos los vehículos que circulan. (Pág. 90)

circular Circulan los coches y otros vehículos que van y vienen por calles y carreteras. (Pág. 123)

ciruela Es una fruta redonda, de carne sabrosa y dulce, con un hueso dentro. Hay ciruelas de distintos colores. (Pág. 151)

ciruelo Es el árbol que da ciruelas. (Pág. 151)

cisne Los cisnes son unas aves parecidas a los patos, pero más elegantes, porque tienen un cuello largo muy bonito. (Pág. 39)

ciudad Es una población mayor que un pueblo. En las ciudades hay fábricas, bancos, tiendas..., pero no hay ganado ni cultivos. (Pág. 123)

claridad Es lo mismo que luz. (Pág. 130)

clase Es un grupo de niños y niñas que están juntos en el mismo curso. También es la habitación donde están. (Pág. 50)

clavel Es una flor bella y de buen olor. Hay claveles de distintos colores. (Pág. 147)

clavo Es una barrita de metal que tiene una parte plana, para darle con un martillo, y la otra con la punta afilada, para clavar o fijar dos cosas. (Pág. 85)

clínica Lugar donde están las personas que necesitan que las curen y las cuiden los que trabajan en la medicina. (Pág. 12)

coche Es un automóvil. (Pág. 111)

coche de bomberos Es el que usan los bomberos para apagar los fuegos. Tiene una manguera para lanzar agua y una escalera muy larga para poder llegar a los pisos altos y sacar a las personas que no pueden salir por la puerta. (Pág. 89)

coche de línea Es un autocar que va de una población a otra, siempre a las mismas horas. (Pág. 122)

cocina Es la habitación donde se hace la comida, y también el aparato donde se cocina, que puede funcionar con gas, electricidad, carbón... (Pág. 46)

cocinero, cocinera Personas que se encargan de hacer la comida. (Pág. 95)

cocodrilos Son reptiles que viven en lugares donde hay agua. Se parecen a los lagartos, pero son mucho más grandes. Son muy comilones: se comen a todos los animales que pillan. Tienen una boca grande y llena de dientes muy afilados. (Pág. 36)

codo Es la parte por donde doblamos el brazo. (Pág. 138)

cohete Es un aparato que se mueve por el espacio al arder sustancias que tiene dentro y que explotan. (Págs. 129 y 164)

cojín Es como una almohada, casi siempre cuadrada o redonda, que sirve para sentarse o para apoyarse. (Pág. 45)

col Es una verdura de hojas anchas. Al cocerla da un olor desagradable. (Pág. 150)

cola (Pág. 36) Es una parte del cuerpo de muchos animales. También se llama rabo y está donde termina la columna vertebral. En las aves, la cola son esas plumas más largas que tienen al final.

cola (Pág. 73) Es una fila de gente que espera.

colcha Es la pieza que se pone sobre la

cama, encima de las sábanas y las mantas. (Pág. 45)

colchón Es una pieza blanda que tenemos en la cama, para acostarnos encima y dormir o descansar cómodos. (Busca **cama**)

colchoneta Es una especie de colchón que, en algunos deportes, se usa para no hacerse daño al caer. (Pág. 109)

colección Es un conjunto de cosas de la misma clase, que vamos juntando porque nos gustan. (Pág. 63)

coleccionar Es hacer una colección. (Pág. 138)

colegio Lugar al que se va para poder aprender muchas cosas y en el que se conoce a otros niños y niñas. (Pág. 49)

colgar Colgar una cosa es dejarla sujeta por arriba en una parte alta, como "colgar la ropa". Colgar el teléfono es terminar de hablar por teléfono y volver a dejarlo como estaba antes de hablar. (Págs. 140 y 156)

coliflor Es una clase de col que tiene en el centro una especie de flor gorda y blanca, que es lo que se come. (Pág. 98)

collar Es un objeto que se pone alrededor del cuello. Normalmente sirve para adornar. (Pág. 103)

colmena Es la casa donde viven y fabrican la miel las abejas. (Pág. 37)

colocar Es poner las cosas en su sitio. (Págs. 59, 86 y 141)

colonia, agua de colonia Es un líquido que huele muy bien. (Pág. 13)

color Es algo que notamos por la vista, y que tienen los objetos al darles la luz. Los colores principales, con los que pueden hacerse todos los demás, son el rojo, el azul y el amarillo. (Pág. 50)

columpiarse Es moverse hacia adelante y hacia atrás, subidos en un columpio. (Pág. 21)

columpio Es un asiento colgado de un sitio alto, y sirve para columpiarse. (Pág. 21)

comba Es un juego que consiste en saltar con una cuerda, dándole vueltas para que pase por encima de la cabeza y por debajo de los pies. También se llama comba la cuerda con la que se salta. (Pág. 20)

comedor Es una habitación que tiene los muebles necesarios para comer en ella. (Pág. 44)

comer Es lo que hacemos cuando masticamos y tragamos la comida para alimentarnos. También decimos que comemos cuando tomamos la comida de mediodía. (Pág. 114)

comerciante Es la persona que tiene un comercio. (Pág. 92)

comercio Es una tienda donde se puede comprar algo. (Pág. 92)

comestible Es lo que se puede comer. (Busca **cebolla**)

cometa Una cometa es un juguete hecho de papel y varillas de madera que echamos a volar en el aire, sujeta con un hilo, cuando hace algo de viento. (Págs. 62 y 145)

comida Es cualquier alimento. También llamamos comida a la que tomamos al mediodía. (Págs. 69 y 114)

cómodo, cómoda Se dice que una cosa es cómoda cuando se está a gusto con ella, como un vestido; o cuando se está a gusto en ella, como una cama... (Pág. 28)

compañero, compañera Las niñas y los niños que están en nuestra clase o en nuestro colegio son nuestros compañeros. (Pág. 49)

comparación Hacer una comparación es comparar dos o más cosas. (Pág. 143)

comparar Comparamos varias cosas, o animales, o personas, cuando nos fijamos en las cosas que tienen iguales y en las que tienen diferentes. (Pág. 37)

comprador, compradora Personas que compran algo. (Págs. 50 y 92)

comprar Es cambiar por dinero algo que se necesita o que se desea. (Pág. 125)

comprobar Es observar algo para estar seguros de que está como debe estar. (Pág. 134)

concha Es una especie de cáscara que tienen algunos animales de cuerpo blando y sin huesos, como las almejas, los cangrejos, los caracoles... (Pág. 23)

concurso Se hacen concursos cuando se quiere saber quién hace mejor una cosa, o quién tarda menos en hacerla. (Págs. 20 y 141)

conducir Es llevar un vehículo por donde tiene que ir. Para conducir se usa el volante o el manillar. (Pág. 118)

conductor, conductora Personas que conducen un vehículo. (Pág. 91)

conejo, coneja Son mamíferos que se alimentan de hierba y otras plantas. Corren muy deprisa. Tienen las orejas largas y la cola cortita y peluda. (Pág. 35)

conocer Conocemos algo cuando sabemos qué cosa es. Conocemos a una persona cuando sabemos quién es, o cuando somos sus amigos, o sus vecinos, o sus compañeros... (Pág. 110)

conseguir Es llegar a tener algo que queríamos tener o a hacer algo que queríamos hacer. (Págs. 81 y 110)

consejo Dar un consejo a alguien es decirle cómo tiene que hacer una cosa para que le salga mejor. (Pág. 115)

conserva Es un alimento preparado para que se mantenga bien hasta que haya que comerlo o beberlo. (Pág. 100)

conservar Es guardar alguna cosa de manera que no se estropee. (Pág. 142)

construir Es hacer un edificio, una carretera, un puente... (Pág. 87)

contagiarse Nos contagiamos cuando nos ponemos enfermos por estar con alguna persona que está enferma. (Pág. 66)

contar (Pág. 50) Contamos cuando vamos diciendo los números de uno en uno para saber cuántas cosas, animales o personas hay en algún lugar.

contar (Pág. 119) Contar algo es decir lo que pasó y cómo pasó.

contento, contenta Cuando nos sucede algo que nos gusta, nos sentimos felices, nos ponemos contentos. (Pág. 11)

continuar Es seguir haciendo algo. (Pág. 79)

contrario, contraria Son las personas contra las que se juega un partido. (Pág. 106)

conversación Dos o más personas tienen una conversación cuando hablan tranquilamente de sus cosas. (Pág. 163)

convertirse Una cosa se convierte en otra cuando cambia y ya no es la que era: es distinta. (Pág. 151)

convidar Es invitar a alguien a algo que le gusta. (Pág. 124)

copa (Pág. 46) Es un vaso que tiene un pie. Las copas suelen ser de cristal.

copa (Pág. 149) Es el conjunto de ramas y hojas de la parte alta de los árboles.

copo Es cada trocito de nieve que cae cuando nieva. (Pág. 60)

corcho Es la corteza de algunos árboles que sirve para fabricar distintos objetos. (Pág. 61)

cordones Son como unas cuerdas que

se usan para atarse el calzado, para que quede sujeto a los pies. (Pág. 26)

corral Es el lugar, al aire libre, donde viven algunos animales. (Busca **gallina**).

correa Es una tira de cuero que sirve para llevar sujeto a un perro cuando se le lleva de paseo. También llamamos correas a los cinturones. (Pág. 34)

corredor, corredora Son las personas que corren mucho. Se llaman así, especialmente, las que hacen una carrera. (Pág. 109)

correo Para poder enviar de un lugar a otro cartas, revistas, paquetes..., hay unas personas que trabajan para llevar cada cosa adonde tiene que ir. Eso que llevan es el correo, y la oficina donde se organiza todo se llama "Correos". (Busca **buzón**)

correr (Págs. 52 y 116) Es andar muy deprisa o hacer algo deprisa.

correr (Pág. 154) Cuando decimos que el agua nos corre por el cuerpo, es que recorre nuestra piel, resbalando por ella hacia abajo.

corriente Una corriente de agua es agua que corre. (Pág. 131) Una corriente de aire es aire que se mueve deprisa. (Pág. 132) Una corriente eléctrica es la electricidad que pasa por un cable para que funcione un aparato. (Busca **bombilla**).

cortarse Es hacerse un corte o una herida con algo afilado. (Pág. 69)

corteza Es la parte de fuera del tronco y de las ramas de algunas plantas. (Busca **corcho**)

cortina Es una pieza de tela, más o menos fina, que se cuelga delante de una ventana o de una puerta para que desde la calle no se vea lo de dentro de la casa, o para que no entre mucha luz o para adornar. (Pág. 45)

cortina (de ducha o **de baño)** Es la que se cuelga de una barra para que el agua no salga ni salpique fuera de la ducha o de la bañera. (Pág. 14)

corto, corta Decimos que algo es corto cuando tiene poca medida de largo. Por ejemplo, un lápiz es más corto que un bastón. (Págs. 26 y 114)

cosa Cualquier objeto es una cosa. (Pág. 99)

coscorrón Nos damos un coscorrón cuando nos damos un pequeño golpe en la cabeza. (Pág. 67)

cosecha Es el conjunto de frutos que se recogen cuando se cultiva la tierra. (Pág. 148)

coser Es juntar telas, o cualquier material, con aguja y con hilo. Se puede coser a mano o a máquina. (Pág. 83)

costa Es la tierra que está al lado del mar. (Pág. 165)

costillas Son los huesos que van desde la columna vertebral hasta el pecho, y forman una especie de jaula o caja que protege los pulmones y el corazón. (Págs. 54 y 67)

costumbre Las costumbres de una persona o de un animal son las cosas que suelen hacer. (Pág. 34)

crecer Algo o alguien crece cuando se hace más grande. (Págs. 69 y 131)

creer Es pensar que algo es verdad. (Pág. 121)

criar Es cuidar y alimentar animales. (Pág. 35)

cristal Es un vidrio transparente. Se suele poner en las ventanas y en algunas puertas para dejar entrar la luz. (Pág. 91)

cromo Los cromos son estampas con fotos o dibujos, y se usan para hacer colecciones con ellos. (Pág. 138)

cruce Es el paso de peatones de una

calle. También es el lugar donde se cruzan dos carreteras o dos calles. (Pág. 121)

cruzar Cruzamos una calle cuando pasamos desde una acera hasta la de enfrente. (Pág. 68)

cuaderno Es como un libro fino, pero sin nada escrito, para que podamos escribir en él. (Pág. 51)

cuadrado, cuadrada Las cosas son cuadradas cuando tienen cuatro lados iguales y cuatro esquinas iguales. (Pág. 50)

cuadro Llamamos cuadros a las láminas o pinturas que tienen puesto un marco, y que tenemos colgados en las paredes. (Pág. 43)

cuarto Un cuarto es una habitación. (Pág. 156)

cuarto de estar Es la habitación donde la familia puede estar junta, leyendo, jugando, hablando, viendo la televisión... (Pág. 44)

cuba Es un recipiente o tonel hecho con tablas que van sujetas con aros de metal. Sirve para contener líquidos. (Pág. 82)

cubiertos Son las cucharas, tenedores y cuchillos que usamos para comer. (Pág. 46)

cubilete Es como un vaso estrecho que sirve para lanzar los dados. (Pág. 18)

cubo Es un recipiente ancho y grande, con asa, que se usa para la limpieza. Hay cubos más pequeños que usamos para jugar en el parque o en la playa. (Págs. 23 y 101)

cuchara Es la pieza del cubierto con la que tomamos las comidas líquidas. (Pág. 46)

cuchillo Los cuchillos tienen una hoja de metal, que sirve para cortar porque está afilada, y un mango para poder agarrarlos sin cortarnos. (Pág. 46)

cucurucho Es un un trozo de papel o cartón enrollado. Por abajo va cerrado en forma de pico y por arriba es ancho y abierto y sirve para meter cosas pequeñas. (Pág. 58)

cuello Es la parte del cuerpo que sujeta la cabeza al tronco. También se llama cuello la parte de la ropa que va alrededor del cuello. (Pág. 138)

cuento Es una historia imaginada en la que pueden ocurrir cosas imposibles y fantásticas. (Pág. 19)

cuerno Los cuernos son unos salientes de hueso que tienen en la frente algunos animales. (Pág. 81)

cuero El cuero se hace con piel de distintos animales, quitándole el pelo y dejándola fina y lisa. (Pág. 84)

cuerpo Es el organismo que tenemos para poder vivir, andar, ver, movernos, respirar, comer... Nuestro cuerpo tiene cabeza, tronco, brazos y piernas. (Pág. 65)

cuesta Una cuesta es un terreno que no está llano. Para andar por una cuesta hay que subir o bajar. (Pág. 113)

cueva Es un hueco o un agujero grande que está bajo tierra, que es subterráneo. (Pág. 166)

cuidado (Pág. 67) Tener cuidado al hacer algo es hacerlo con interés para que resulte bien.

cuidado (Pág. 157) Tener cuidado con algo es procurar que no se estropee.

cuidar Decimos que cuidamos de una persona o de un animal cuando procuramos que no les pase nada malo. Cuidamos la ropa cuando procuramos que no se manche ni se estropee. (Págs. 35 y 124)

culo Las nalgas, o partes redondeadas que tenemos más abajo de la cintura y en la parte alta de las piernas, son el culo. También se llama así el ano, o agujero por donde sale la caca. (Pág. 71)

cumpleaños Es el día del año en el que se celebra el nacimiento de una persona. (Pág. 165)

cuna Camita apropiada para el tamaño de un bebé. (Pág. 10)

curarse Es ponerse bien después de haber estado enfermos. (Pág. 166)

curso Es el tiempo que duran los estudios en el colegio, desde que se acaban las vacaciones de verano, hasta el verano siguiente. (Pág. 49)

D d

dado Es una figura que tiene seis caras cuadradas, y en cada cara tiene pintados unos puntitos, desde uno hasta seis. Sirve para jugar a varios juegos. (Pág. 18)

daño Hacerse daño es sentir dolor. (Pág. 131)

dar Puede significar regalar, o entregar, o repartir; pero aún puede significar más cosas, como que un reloj "da las doce", cuando es esa hora; "dar con una bola", cuando la bola golpea a alguien... (Págs. 61 y 115)

deber Deber hacer algo es tener que hacerlo porque está bien que lo hagamos y es nuestra obligación. (Pág. 89)

débil Estar débiles es tener pocas fuerzas. (Pág. 69)

decir Cuando queremos que una persona se entere de lo que pensamos, se lo decimos. Podemos decir algo hablando, escribiendo, con gestos... (Págs. 31 y 115)

decir adiós Es despedirse. (Pág. 115)

dedal Es un objeto pequeño que nos colocamos en la punta de un dedo para no hacernos daño con la aguja cuando cosemos. (Pág. 99)

dedo Los dedos son el final de las manos y de los pies. Hay cinco en cada mano y en cada pie, y se pueden mover para hacer muchas cosas con ellos, sobre todo con los de las manos. (Pág. 58)

dejar Nos dejan que hagamos algo cuando nos dan permiso para que lo hagamos. (Pág. 68)

delantal Es una prenda de vestir que tapa la parte de delante y que se ata a la cintura. Suele ponerse para que no se manche la ropa que está detrás. (Pág. 30)

delante Está delante de nosotros lo que podemos ver de frente. Lo contrario es "detrás". (Pág. 59)

delfín Los delfines son unos animales que viven en el agua y son mamíferos aunque parecen peces. Son muy simpáticos, y tan inteligentes, que hasta tienen una forma de hablar. (Pág. 36)

delgado, delgada Estamos delgados cuando tenemos poca carne sobre los huesos. (Pág. 69)

dentadura Es el conjunto de los dientes y las muelas. (Pág. 70)

dentista Son dentistas las personas que se dedican a cuidar y curar la dentadura de los demás. (Pág. 70)

dentro Algo, o alguien, está dentro de un lugar cuando está metido en ese lugar. Lo contrario es "fuera". (Pág. 86)

deporte Hacer deporte es hacer ejercicio con el cuerpo, para que se ponga más fuerte, para jugar un partido, para divertirnos... (Págs. 29 y 52)

deportista Es la persona que practica algún deporte. (Pág. 108)

deprisa Hacer algo deprisa es hacerlo rápidamente. Lo contrario es "despacio". (Pág. 108)

desaparecer Algo desaparece cuando antes estaba y, de repente, ya no está. (Pág. 159)

desayunar Se desayuna cuando se toma la primera comida del día. (Pág. 28)

descalzo, descalza Una persona está descalza cuando no lleva calzado en los pies. (Pág. 23)

descansar Es no trabajar, estar sin hacer nada, cuando estamos cansados. (Pág. 95)

descender Significa "bajar". Lo contrario es "ascender", que significa "subir". (Pág. 110)

descolgar Descolgamos algo cuando lo quitamos de donde estaba colgado. (Pág. 63)

desconocido, desconocida Para cada persona es desconocido todo lo que no conoce. (Pág. 53)

descubrir Es darnos cuenta de algo en lo que antes no nos habíamos fijado. (Págs. 121 y 166)

desear Es tener ganas de tener algo o de que pase algo. (Pág. 60)

desenchufar Es separar las dos partes de un enchufe. (Pág. 141)

desenredar Cuando algo se ha enredado y se ha hecho un lío, desenredarlo es quitar el enredo y volver a dejarlo bien. (Pág. 165)

desfilar, desfile Desfilar es ir andando por las calles, unos detrás de otros, en filas. Cuando alguien desfila, lo que vemos es un desfile. (Pág. 164)

deslizarse Es resbalar suavemente sobre algo liso. Podemos deslizarnos sobre el hielo, sobre la nieve, por un tobogán... (Pág. 21)

desnudo, desnuda Estar desnudo es no llevar puesta ninguna ropa. (Pág. 23)

desordenar Es dejar las cosas fuera del sitio en que debían estar o dejarlas revueltas. (Pág. 153)

despacio Hacer una cosa despacio es hacerla poco a poco, sin prisa. (Pág. 69)

despedida Es el momento de despedirse. (Pág. 115)

despedirse Nos despedimos de alguien cuando le decimos adiós, cuando le saludamos hasta otra vez en que nos volvamos a ver. (Pág. 115)

despegar Es separar dos cosas que estaban pegadas. También despega un avión cuando se separa del suelo y empieza a subir. (Pág. 117)

despertador Es un reloj que sirve para despertarnos con algún ruido a la hora que queremos. (Pág. 118)

despertar, despertarse Es dejar de dormir. (Busca **dormir**)

después Una cosa ocurre después que otra cuando ocurre más tarde, y la otra ya había ocurrido antes. (Pág. 13)

desviarse Es salirse del camino por donde se iba. (Pág. 111)

detrás Está detrás de nosotros lo que está a nuestra espalda y no podemos ver sin volvernos. (Busca **delante**)

devolver Es dar algo a una persona que nos lo había dejado. En un deporte de pelota, devolverla es volver a lanzarla cuando nos la lanzan. (Pág. 106)

día El día puede contarse desde que amanece una vez hasta que amanece otra vez. Un día dura 24 horas. (Pág. 130)

dibujar Es hacer un dibujo. (Pág. 50)

dibujo Un dibujo es la figura que hacemos con lápiz, o con otra clase de instrumento que pinte. (Pág. 50)

diciembre Es el último mes del año. (Pág. 57)

dientes Son todos los huesecitos (dientes y muelas) que tenemos en la boca y que nos sirven para morder y masticar. (Pág. 14)

difícil Nos resulta difícil lo que nos cuesta trabajo hacer o entender. (Pág. 52)

digestión Es lo que ocurre en nuestro aparato digestivo para aprovechar lo que comemos y bebemos. (Pág. 69)

dinero Es lo que nos sirve para pagar lo que compramos. Hay dinero en billetes o en monedas. (Pág. 127)

dirección Nuestra dirección es la calle, el número y el piso de la ciudad en la que vivimos. También se llama domicilio. (Pág. 121)

director, directora Personas que dirigen, que mandan a los demás para que hagan bien su trabajo. (Pág. 94)

dirigirse Es ir hacia un lugar. (Pág. 135)

disco Es un objeto redondo y plano que ponemos en un tocadiscos para escuchar música, cuentos... (Pág. 142)

discutir Dos personas discuten cuando no están de acuerdo. Cada una quiere convencer a la otra de que lleva razón. (Pág. 162)

disfraz Es la ropa que sirve para vestirse de una manera distinta a como se viste siempre. (Pág. 31)

disfrazarse Es ponernos un disfraz, para que no nos conozcan o para ir a una fiesta. (Pág. 31)

disparate Decir disparates es decir cosas tontas que hacen reír. (Pág. 79)

distinguir Es ver las diferencias que hay entre una cosa y otra. (Pág. 50)

distinto, distinta Dos cosas son distintas cuando no son iguales. (Pág. 137)

distraerse Es divertirse, entretenerse. (Pág. 95)

divertido, divertida Es divertido todo lo que nos alegra y nos divierte. (Pág. 18)

divertir Divertimos a otras personas cuando hacemos lo necesario para que lo pasen bien. (Pág. 95)

divertirse Es pasarlo muy bien haciendo algo. (Pág. 73)

doblar la ropa Es colocarla, poniendo unas partes encima de otras para que ocupe menos sitio y de manera que no se arrugue. (Pág. 157)

doblarse Una cosa se dobla cuando se tuerce y no está derecha, por alguna fuerza que la hace torcerse. (Pág. 132)

doctor, doctora Personas que se dedican a curar las enfermedades. (Pág. 12)

doler Nos duele algo cuando nos molesta y nos hace sufrir. (Pág. 67)

domador, domadora Son las personas que doman a algunos animales fieros para que las obedezcan. Suelen trabajar en los circos. (Pág. 74)

doméstico, doméstica Son animales que viven con las personas. (Pág. 34)

domingo Es un día de la semana en que no vamos al colegio, ni los mayores al trabajo. Es un día para descansar y hacer las cosas que nos gustan. (Pág. 28)

dominó Es un juego que tiene fichas alargadas y con puntos marcados por una de sus caras. (Pág. 18)

dormir Es lo que solemos hacer por la noche, con los ojos cerrados y sin enterarnos de nada, y que nos sirve para descansar. (Págs. 70 y 161)

dormitorio También puede llamarse alcoba, y es la habitación que usamos para dormir. (Pág. 45)

ducha Es un chorro de agua que nos sirve para bañarnos y refrescarnos. (Pág. 154)

ducharse Es darse una ducha. (Pág. 154)

dueño, dueña Una persona es dueña de algo cuando es suyo porque lo ha comprado o se lo han regalado. (Pág. 92)

dulces Llamamos dulces a las cosas de comer que llevan azúcar o miel. (Pág. 82)

durar Decimos que una cosa dura el tiempo que existe, hasta que se acaba. (Pág. 57)

E e

echar una carta Es meterla por la rendija del buzón de correos. (Pág. 125)

edificio Es cualquier construcción hecha con materiales resistentes, que usamos las personas como lugar para vivir, para trabajar... (Pág. 127)

educador, educadora Son las personas que se dedican a enseñar y educar, como los maestros y las maestras, los profesores y las profesoras. (Pág. 90)

educar Es ayudar a otros a que aprendan algo. (Pág. 89)

ejercicio Hacer ejercicio con el cuerpo es hacer movimientos con él. (Pág. 52)

electricidad Es una fuerza que sirve para mover motores y máquinas, para dar luz... (Pág. 68)

electricista Es una persona que instala cables eléctricos, que arregla aparatos eléctricos... (Pág. 91)

elefante, elefanta Son unos mamíferos muy grandes que tienen la nariz larga, con forma de trompa, y dos colmillos largos con la punta hacia fuera. (Pág. 38)

elegir Cuando hay varias cosas, elegir es quedarnos con la que queremos. Cuando podemos hacer varias cosas, elegir es decidir lo que vamos a hacer. (Págs. 98 y 166)

empanadilla Es un alimento hecho con una masa rellena de carne, de pescado... Cuando es grande se llama empanada. (Pág. 146)

empaquetar Es hacer paquetes. (Pág. 162)

empezar Empezar a hacer una cosa es ponernos a hacerla. (Págs. 26 y 55)

empleado, empleada Son personas que trabajan para alguien a cambio de un sueldo. (Pág. 94)

empleo Tener un empleo es tener un trabajo. (Pág. 94)

empujar Es hacer fuerza para que algo se mueva. (Pág. 132)

encendedor Es un aparato que sirve para encender algo. (Pág. 97)

encender Es hacer fuego para que una cosa arda, se queme. (Pág. 119)

enchufar Es juntar las dos piezas de un enchufe para que funcione un aparato. (Pág. 19)

encima Una cosa está encima de otra cuando está sobre ella, apoyada en ella. Como un florero que está encima de una mesa. (Pág. 126)

encontrar Es ver algo que buscábamos. (Pág. 53)

enero Es el primer mes del año. (Pág. 57)

enfermar Es ponerse enferma una persona, un animal o una planta. (Pág. 65)

enfermedad Es lo que ocurre cuando no tenemos buena salud y no nos sentimos bien. (Pág. 70)

enfermero, enfermera Son las

personas que cuidan a los enfermos y ayudan a los médicos. (Pág. 71)

enfermo, enferma Que tienen alguna enfermedad. (Pág. 90)

engordar Engordamos cuando nos ponemos gordos. Lo contrario es adelgazar, que es ponerse delgados. (Pág. 69)

enredarse Es liarse una cosa con otra. Se puede enredar el pelo, el hilo... (Pág. 165)

enseñar Es hacer lo necesario para que alguien aprenda algo. (Pág. 141)

ensuciar Ensuciamos algo cuando lo manchamos. (Pág. 126)

entender Es comprender, enterarnos de cómo es algo o de lo que significa. (Pág. 51)

enterarse Es darse cuenta de lo que pasa. (Pág. 70)

entero, entera Una cosa está entera cuando está completa, cuando no le falta nada. (Pág. 132)

entrada Es el sitio por donde se entra a algún lugar. (Pág. 43) También se llaman entradas los billetes que se compran en una taquilla, para poder entrar a un circo, a un cine, a un teatro... (Pág. 73)

entrar Es pasar de fuera a dentro. (Pág. 43)

entregar Es dar algo a alguien. (Pág. 53)

entrenarse Es prepararse para hacer bien algo. (Pág. 109)

envidia Es lo que sentimos cuando nos gustaría hacer lo que alguien hace o tener lo que alguien tiene. (Pág. 134)

envolver Envolvemos algo cuando le ponemos papel alrededor. (Pág. 62)

equilibrio Estar en equilibrio es estar sin caerse. (Pág. 74)

equilibrista Artista de circo que es capaz de estar en equilibrio en posturas muy difíciles, o de mantener objetos en equilibrio sin que se caigan. (Pág. 74)

equipaje Es todo lo que llevamos cuando vamos de viaje. (Pág. 113)

equipo Es un grupo de personas que hacen algo juntas, intentando que salga bien. (Pág. 106)

equipo de pesca Es el conjunto de cosas que se necesitan para pescar. (Pág. 165)

escalador, escaladora Personas que practican el deporte de escalar montañas, de trepar por ellas. (Pág. 110)

escalar Es trepar a un sitio alto. (Pág. 67)

escalera Cuando tenemos que subir a un sitio alto no podemos hacerlo de una vez. Para eso están las escaleras, que tienen escalones para que los subamos de uno en uno y así podamos llegar arriba. (Págs. 43 y 63)

escalón Es cada una de las alturas que vamos subiendo cuando vamos por una escalera. Los escalones también se llaman peldaños. (Pág. 42)

escenario Es la parte de un teatro donde actúan los artistas. (Pág. 78)

escoba Es un objeto que sirve para barrer. Está hecha con un manojo de hierbas o ramas y con un mango para agarrarla. (Pág. 99)

esconder, escondido Esconder es poner algo en un lugar secreto, dejarlo escondido, para que no lo puedan encontrar otras personas. (Pág. 133)

escondite Es un juego en el que hay alguien que se esconde y alguien que busca. También es el sitio donde alguien puede esconderse. (Pág. 22)

escondrijo Es un lugar bueno para esconder algo o para esconderse. (Pág. 22)

escopeta Es un arma, de cañones largos, que dispara y que sirve para cazar. (Pág. 77)

escribir Es dibujar letras que forman palabras, de manera que se entienda, al leerlo, lo que hemos querido decir. Es como si hablásemos, pero con letras en lugar de sonidos. (Pág. 51)

escritor, escritora Personas que escriben libros. (Pág. 95)

escuchar Es oír algo con atención, para poder enterarnos bien de lo que se dice. (Pág. 79)

escultor, escultora Personas que hacen esculturas. (Pág. 85)

escultura Es un objeto, una figura, una estatua..., que pueden estar hechos de madera, de piedra, de barro, de metal... (Pág. 85)

esfuerzo Hacer un esfuerzo es hacer mucha fuerza para levantar un peso, o para correr muy deprisa... (Pág. 109)

espada Es un arma que se usaba hace mucho tiempo para luchar. Es de metal, con forma alargada, tiene una parte para agarrarla con la mano y acaba en una punta que corta. (Pág. 95)

espalda Es la parte de atrás del cuerpo. Va desde los hombros hasta la cintura. (Pág. 150)

esparadrapo Es una tira de tela o de plástico que se pega a la piel, para sujetar una gasa a una herida. (Pág. 166)

especial (Pág. 29) Es especial para hacer una cosa lo que mejor sirve para hacerla. Como un paraguas, que es especial para no mojarse cuando llueve.

especial (Pág. 73) Algo es especial cuando es diferente. Hay días que son especiales porque en ellos no hacemos lo mismo de todos los días.

espejo Es ese cristal que nos permite vernos en él, porque está cubierto por la parte de atrás con una cosa brillante que refleja lo que se pone delante. (Pág. 43)

esperar Es estar en un sitio hasta que ocurra algo. Esperamos en una cola hasta que nos llega el turno de entrar. También podemos esperar a alguien que va a llegar. (Págs. 52 y 68)

espiga Es un conjunto de granos colocados alrededor de un tallo. Hay espigas de trigo, de arroz... (Pág. 148)

espinas Son los huesos finos y largos de los peces. También se llaman espinas los pinchos que tienen algunas plantas. (Pág. 69)

esponja Es un objeto en el que ponemos el jabón par lavarnos o bañarnos. Es suave y tiene agujeritos por los que sale la espuma. (Pág. 47)

espuma Es el conjunto de burbujas que se forman en algunos líquidos y se quedan encima. (Pág. 108)

esquiar Es deslizarse sobre la nieve con los esquís puestos. También se puede esquiar sobre el agua. (Págs. 29 y 108)

esquí Es el deporte de esquiar y la tabla o patín sobre el que se esquía. (Págs. 108 y 110)

esquiador, esquiadora Personas que esquían. (Págs. 108 y 110)

establo Es un sitio donde viven algunos animales domésticos, como las vacas, los caballos... (Pág. 35)

estación (Pág. 116) Es el lugar donde están parados los trenes, los autobuses..., para que los viajeros puedan subir o bajar de ellos.

estación (Pág. 57) Las estaciones son épocas del año. Cada año se divide en cuatro estaciones: primavera, verano, otoño e invierno.

estadio Es un campo de deportes que tiene una especie de escalones para que pueda sentarse el público. (Pág. 106)

estanco Es una tienda donde venden tabaco, cerillas, sellos para las cartas... (Pág. 97)

estanque Es como un lago pequeño que se hace en los parques o jardines. (Pág. 124)

estante Es cada una de las tablas de una estantería. (Pág. 45)

estantería Es un mueble que tiene estantes o baldas, que son unas tablas donde se pueden colocar distintas cosas. (Pág. 14)

estar a gusto Es estar cómodos. (Pág. 28)

estar a la sombra, estar al sol... Es ponerse donde hace sombra, o donde hace sol... (Pág. 130)

estar atento o **atenta** Es estar mirando o escuchando algo con mucho interés y atención. (Pág. 53)

estar de rodillas Cuando doblamos las rodillas y nos apoyamos con ellas, estamos de rodillas. (Pág. 63)

estar en la cama Es estar acostado. (Pág. 66)

estar preparado o **preparada** Estamos preparados para hacer algo cuando ya no hay que esperar, cuando ya podemos hacerlo en ese momento. (Pág. 52)

estar sorprendido o **sorprendida** Alguien está sorprendido cuando oye o ve algo que le sorprende, que no esperaba. (Pág. 54)

estómago Es una especie de bolsa que tenemos en nuestro aparato digestivo, adonde van los alimentos para luego seguir por el intestino. (Pág. 69)

estornudar Es echar aire de los pulmones por la boca y por la nariz, de golpe y haciendo ruido. (Pág. 66)

estrella Las estrellas son astros que tienen luz, y por eso las vemos brillar en el cielo cuando es de noche. (Pág. 129)

estrella de mar Es un animal que se llama así porque tiene forma de estrella y vive en el mar. (Pág. 36)

estrenar Es usar algo por primera vez. También es representar un espectáculo por primera vez. (Pág. 165)

estreno El primer día que se representa un espectáculo se llama estreno. (Pág. 78)

estropearse Una cosa se estropea cuando no funciona bien porque se le ha roto algo, porque se ha hecho vieja... (Pág. 68)

estuche Es una caja con tapa que sirve para guardar cosas. (Pág. 103)

estufa Es un aparato que se usa para calentar las habitaciones. Puede ser de leña, de carbón, de gas... (Pág. 58)

explorar Es ir mirando todo con mucha atención y cuidado, cuando queremos descubrir algo. (Págs. 22 y 41)

F f

fábrica Es un lugar donde hay máquinas y todo lo necesario para fabricar algo. (Pág. 86)

fabricar Es hacer distintos productos, usando materias que se sacan de las minas, de los campos, del ganado, del mar... (Pág. 82)

fachada Llamamos fachada a la parte de fuera de un edificio, pero de manera especial a la parte donde está la puerta de entrada. (Pág. 42)

fácil Es algo que se hace o que se entiende con poco esfuerzo. (Pág. 66)

falda Es una prenda de vestir propia de

las niñas y las mujeres, que va desde la cintura hacia abajo y puede ser más o menos larga. También son faldas las que se ponen para cubrir algunas mesas. (Págs. 26 y 44)

faltar Es igual que no estar. Cuando falta algo o alguien, es que no están. También decimos que nos falta algo cuando no lo tenemos. (Pág. 61)

familia La forman todos los familiares, como padres, hijos, primos, tíos, abuelos, nietos, sobrinos... Aunque la familia más cercana la forman el padre y la madre con sus hijos y con sus hijas. (Pág. 9)

familiares Son todas las personas de una misma familia. (Pág. 11)

farmacia Es un comercio donde se venden y se preparan medicinas. (Pág. 71)

faro Los faros son unas torres que hay al lado del mar. Tienen un luz arriba para que desde los barcos se pueda ver la costa cuando es de noche o cuando hay niebla. (Pág. 113)

farola Es un poste con luz en la parte más alta, que sirve para iluminar las calles. (Pág. 58)

favorito, favorita Se puede llamar favorito a lo que preferimos, a lo que más nos gusta o a lo que más queremos. (Pág. 17)

febrero Es el segundo mes del año. (Pág. 57)

felicitar, felicitación Felicitar es desear a alguien que sea feliz. Podemos felicitar a una persona diciéndoselo de palabra, o también mandándole una tarjeta de felicitación. (Pág. 63)

feliz, felices Estamos o nos sentimos felices cuando nos pasan cosas que nos hacen estar sonrientes y contentos. (Pág. 12)

feria Es un mercado al aire libre. También es la fiesta que se hace cuando hay un mercado importante. (Pág. 114)

fichas Son piezas pequeñas que se usan en algunos juegos, como el parchís, el dominó... (Pág. 18)

fideo Los fideos son una especie de hilos de pasta de harina que se toman cocidos en la sopa. (Pág. 82)

fiebre Tenemos fiebre cuando nuestro cuerpo está más caliente de lo normal. Entonces no nos sentimos bien porque estamos enfermos. (Pág. 66)

fieras Llamamos fieras a los animales salvajes. (Pág. 74)

fiesta Es una reunión alegre y divertida. (Pág. 10)

fiestas Hay unos días al año en los que se celebran fiestas en los pueblos y ciudades. Consisten en música, bailes, concursos, desfiles de carrozas, disfraces, tiovivos, tómbolas... (Pág. 164)

figura Llamamos figuras a las estatuillas o muñequitos con los que hacemos el belén. (Pág. 57)

fijarse Es estar atentos a algo. (Pág. 121)

filete Es un trozo fino y alargado de carne sin hueso o de pescado sin espinas. (Pág. 98)

final Es el momento en que acaba algo. (Pág. 114)

flaco, flaca Es otra manera de decir delgado o delgada. (Pág. 69)

flan Es un dulce que se hace mezclando huevos, leche y azúcar, y poniéndolo al calor para que no quede líquido. (Pág. 84)

flauta Es un instrumento musical con forma de tubo. Se sopla por un extremo y suena la música al salir el aire por unos agujeritos que tiene. (Pág. 55)

flautista Es una persona que toca la flauta. (Pág. 55)

flor Suele ser la parte más bonita de las plantas, porque tiene lindos colores. Algunas flores, además, huelen muy bien. (Pág. 37)

florero Es el cacharro o vasija donde ponemos flores en agua, para que no se sequen. (Pág. 43)

floristería Tienda donde venden flores y plantas. (Pág. 102)

flotador Es un objeto que ayuda a flotar mejor en el agua. Pesa muy poco, porque está hecho de algún material muy ligero o inflado con aire. (Pág. 29)

flotar Es mantenerse en un líquido sin hundirse. (Pág. 108)

foca Las focas son mamíferos que tienen las patas muy cortas y el cuerpo gordo. Viven al lado de los mares fríos. (Pág. 74)

foco Es una lámpara que da una luz muy fuerte. (Pág. 73)

fontanero, fontanera Personas que ponen y arreglan grifos y tuberías. (Pág. 91)

forma Es la figura que tienen las cosas por fuera. (Pág. 50)

formarse Decimos que una cosa se forma cuando se produce, cuando se hace; como formarse charcos cuando llueve, formarse una corriente de aire cuando hace viento... (Pág. 132)

forzudo, forzuda Personas que tienen mucha fuerza. (Pág. 75)

fotografía Es una cartulina donde se puede ver a personas, animales o cosas, como en un espejo, aunque no estén delante de ella. (Pág. 11)

fotografiar Es hacer fotografías. (Pág. 164)

fotógrafo, fotógrafa Personas que se dedican a hacer fotografías. (Pág. 95)

frasco Es un recipiente o cacharro de cuello estrecho. Los frascos suelen ser de cristal o de plástico. (Pág. 68)

fregar Es frotar algún objeto con agua y jabón para que se limpie. (Pág. 158)

freír (**frito, frita**) Es cocinar un alimento con aceite muy caliente. (Pág. 84)

frente Es la parte alta de la cara. Va desde las cejas hacia arriba, más o menos donde empieza el pelo. (Pág. 149)

fresa Es una fruta roja muy sabrosa. No tiene hueso dentro, sólo unos granitos que están en la parte de fuera. (Pág. 98)

fresco, fresca (Pág. 27) Llamamos fresca a la ropa ligera que no abriga mucho.

fresco, fresca (Pág. 166) Pasamos unas vacaciones frescas cuando nos vamos a un lugar donde no hace calor.

fresco, fresca (Pág. 98) Decimos que un alimento es fresco cuando está recién hecho, recién cogido de la huerta, recién pescado...

fresón Es una fruta como la fresa, pero más grande y no tan dulce. (Pág. 98)

frigorífico Es como un armario para conservar y enfriar alimentos, porque dentro de él hace frío. (Pág. 46)

frío Es lo que notamos cuando la temperatura es más baja de lo normal y necesitamos ponernos ropa de abrigo o acercarnos a algo caliente. (Págs. 26 y 133)

frotar Es pasar con fuerza una cosa sobre otra varias veces seguidas. (Pág. 154)

fruta Son frutos que se pueden comer crudos, como las peras, las manzanas... (Pág. 98)

frutal Es un árbol que da fruta. (Pág. 151)

frutería Tienda donde se puede comprar fruta. (Pág. 98)

frutero Es el cacharro en el que colocamos la fruta. (Pág. 44)

frutero, frutera Son personas que venden fruta y verduras. (Pág. 98)

fruto Los frutos nacen de las plantas, y los aprovechamos de muchas formas. (Pág. 151)

fuego Es lo que se produce cuando quemamos algo, mientras arde. El fuego da calor y luz. (Págs. 57 y 119)

fuegos artificiales Son cohetes que al explotar hacen ruidos y luces de colores. Se lanzan en las fiestas y verbenas, normalmente de noche. (Pág. 164)

fuente Las fuentes son lugares por donde sale agua. Pueden ser naturales, como las que hay en el campo, o estar construidas en alguna plaza o parque. (Pág. 114)

fuera Está fuera lo que no está metido en algún sitio. Lo contrario es "dentro". (Pág. 116)

fuerte Que tiene fuerza. (Pág. 52)

fuerza Tener mucha fuerza es poder levantar o empujar cosas que pesan mucho. (Pág. 35)

fumar Una persona fuma cuando enciende un cigarro o una pipa, aspira el humo para dentro y luego lo vuelve a echar. (Busca **cigarrillo**)

furgoneta Es un vehículo pequeño que sirve para transportar objetos. (Pág. 117)

fútbol Es un deporte en el que juegan dos equipos de once jugadores. Gana el partido el equipo que más goles mete con el balón en la portería del equipo contrario. (Págs. 29 y 106)

futbolista Es una persona que se dedica a jugar al fútbol. (Pág. 106)

G g

gabardina Es como un abrigo, pero hecho con una tela más fina que no deja pasar el agua cuando llueve. (Pág. 26)

gafa (o gafas) Es un objeto que se coloca delante de los ojos. Sirve para ver mejor, para protegernos de la luz del sol o para hacer algún trabajo en el que puede saltar algo a los ojos. (Pág. 27)

galleta Es un alimento hecho con masa de harina cocida al horno. Las galletas son dulces, cuando llevan azúcar o miel, y saladas, cuando llevan sal. (Pág. 100)

gallina ciega Es un juego en el que alguien lleva los ojos tapados (vendados) para no poder ver, y tiene que pillar a los demás. Cuando pilla a alguien, se quita la venda y se la pone al que ha pillado. (Pág. 20)

gallinero Lugar donde viven y se crían las gallinas. (Pág. 84)

gallo, gallina Son aves que viven en el corral de algunas casas. Tienen una cresta roja encima de la cabeza y sus plumas pueden ser de distintos colores. La gallina pone huevos que nos sirven de alimento. De algunos huevos pueden nacer pollitos. (Pág. 35)

galopar Es ir montado en un caballo cuando corre mucho. (Pág. 109)

gamba Es un marisco pequeño y alargado, con muchas patitas, que se pone de color naranja al cocerlo. (Pág. 61)

gana, ganas Tener ganas de hacer algo es tener deseo de hacerlo. Tener ganas de comer es sentir hambre. (Pág. 69)

ganadero, ganadera Personas que se dedican a criar o a vender ganado. (Pág. 108)

ganado Es el conjunto de animales domésticos de los que las personas aprovechamos lo que necesitamos. (Pág. 114)

ganador, ganadora Personas que ganan un concurso, un campeonato... (Pág. 111)

ganar En un deporte, ganar es demostrar que se puede hacer ese deporte mejor o más deprisa que los demás. (Pág. 138)

gandul, gandula Son personas un poco vagas y perezosas. (Pág. 89)

garaje Es el lugar donde se guardan los coches. También es el lugar donde los arreglan cuando están estropeados. (Pág. 19)

garbanzo Los garbanzos son las semillas de una planta. Se comen en cocido, en potaje... (Pág. 83)

garganta Es una parte del cuerpo que está al fondo de la boca. También es la parte delantera del cuello. (Pág. 70)

gasa Es una tela blanca que tiene los hilos finos y separados para que pueda pasar el aire. Se usa como venda, para tapar heridas. (Pág. 166)

gasolina Es un líquido que se saca del petróleo. Al quemarse poco a poco, sirve para que los vehículos (coches, motos...) tengan fuerza para andar. (Pág. 118)

gasolinera Es el lugar donde se vende gasolina. (Pág. 118)

gato, gata Los gatos son animales domésticos. Son mamíferos, tienen unos ojos muy bonitos y unos largos bigotes. (Pág. 34)

genio (mal genio) Tener mal genio es enfadarse por poca cosa. (Pág. 162)

gente La gente somos las personas. Cuando hay muchas personas en un sitio decimos que hay mucha gente. (Pág. 133)

girasol Es una planta de flores amarillas. Tiene unas semillas que llamamos pepitas o pipas y que pueden comerse crudas o tostadas; también sirven para hacer aceite. (Pág. 148)

golosinas Son cosas que se comen porque gustan, no porque alimenten. (Pág. 126)

golpe Es lo que ocurre cuando dos cuerpos chocan. (Pág. 132)

golpear Es dar golpes. (Pág. 132)

gordo, gorda Estar gordos es tener mucha carne y grasa. Lo contrario es estar delgados o flacos. (Pág. 69)

gorra Es una prenda que se pone sobre la cabeza. No tiene alas como los sombreros, pero puede tener una visera para que no dé el sol en los ojos. (Pág. 30)

gorrión, gorriona Son pájaros pequeños de color marrón, que podemos ver en las ciudades, en el campo... Comen granos, migas de pan... (Pág. 133)

gorro Es una prenda que sirve para abrigar la cabeza y puede ser de tela o de punto. (Págs. 26 y 30)

gracias Decimos que gracias a algo podemos tener o hacer alguna cosa cuando sin eso no podríamos tenerla o hacerla. (Pág. 138)

gracioso, graciosa Lo que nos hace gracia, lo que nos resulta simpático. (Pág. 20)

grande Es lo que tiene mucho tamaño y ocupa mucho sitio. (Pág. 86)

granja Es un lugar que tiene casa para vivir, huerta para cultivar vegetales y corrales para criar animales. (Pág. 35)

grave Una persona está grave cuando está muy enferma y lo que tiene es difícil de curar. (Pág. 68)

grifo Es la llave que abre o cierra el paso del agua. (Pág. 46)

grillo, grilla Son unos insectos que viven en el campo. Cuando el grillo frota sus alas, una contra otra, hace un ruido que suena "cri-cri-cri...". (Pág. 37)

gripe Es una enfermedad que nos hace sentirnos mal, porque nos duele todo y tenemos catarro y fiebre. (Pág. 66)

grúa Es una máquina que puede mover y levantar cosas que pesan mucho. (Pág. 126)

grupo Es un conjunto de personas, de animales o de objetos juntos. (Pág. 143)

guantes Son prendas de vestir que protegen las manos del frío y tienen la misma forma que las manos. También hay guantes de goma para fregar; otros, para boxear, que van mullidos para hacer menos daño; otros, de goma fina, para operar... (Págs. 29, 30 y 99)

guapo, guapa Una persona es guapa cuando es hermosa y agradable. (Pág. 47)

guardabosques Es la persona que cuida y vigila los bosques para que nadie los destroce ni haya incendios. (Pág. 149)

guardar Es colocar las cosas en su sitio para que queden recogidas. (Pág. 63)

guardia de circulación Persona que se encarga de que los vehículos circulen como deben hacerlo. (Pág. 90)

guisantes Son las semillas de una planta. Se cocinan de varias maneras y se comen cuando están verdes. (Pág. 83)

guisar Es cocinar, hacer la comida. (Pág. 84)

guitarra Es un instrumento musical con seis cuerdas. Al tocarlas, resuenan en una caja de madera que tiene un agujero en el centro, y suena la música. (Pág. 55)

guitarrista Persona que toca la guitarra. (Pág. 95)

gusto Algo nos da gusto cuando nos hace sentirnos bien. (Pág. 156)

gustar A alguien le gusta hacer algo cuando siente ganas de hacerlo y lo pasa bien haciéndolo. (Pág. 99)

H h

haber (hay que...) Cuando decimos que hay que hacer una cosa es porque es necesario hacerla o porque hay obligación de hacerla. (Págs. 66 y 68)

habitación Es cada uno de los cuartos de una casa. (Págs. 44, 45 y 90)

habitante Los habitantes de un lugar son las personas o animales que viven en ese lugar. (Pág. 122)

hablar Hablamos con alguien cuando decimos palabras para que nos entienda. (Pág. 105)

hablar al oído Es decir algo en voz baja cerca del oído de una persona, para que no se entere nadie más. (Pág. 79)

hacha Es una herramienta para cortar leña. Tiene un mango de madera y una parte de hierro, afilada, que es la que corta. (Pág. 81)

hacer cola Es esperar en una fila para hacer algo. (Pág. 76)

hacer ejercicio Es hacer gimnasia o deporte. (Págs. 52 y 105)

hacer el pino Es ponerse con la cabeza para abajo y los pies para arriba. (Pág. 52)

hacer falta Hace falta hacer algo cuando tenemos que hacerlo, cuando es necesario que lo hagamos. (Pág. 153)

hacer la compra Es ir a comprar las cosas necesarias para la casa, como la comida, las cosas de limpieza... (Pág. 15)

hacer o **preparar las maletas** Es meter dentro de las maletas todo lo necesario para un viaje. (Pág. 162)

hacer punto Es tejer, ir enganchando hilo o lana para hacer un jersey, unos calcetines... (Pág. 99)

hacer ruido Es hacer cosas que se oyen mucho, y que pueden molestar a los demás, como hablar fuerte, dar golpes... (Pág. 53)

hacerse amigos o **amigas** Las personas se hacen amigas cuando les parece agradable estar juntas, hablar, jugar... (Pág 50)

hacerse daño Nos hacemos daño cuando nos ocurre algo que nos produce dolor. (Pág. 166)

hada Es un personaje de los cuentos. Las hadas suelen ser muy bellas y tienen poderes mágicos para hacer cosas dificilísimas. (Pág. 31)

hambre Tener hambre es tener ganas de comer. (Pág. 114)

harina Es el polvo que se saca al moler algunas semillas, como el trigo, el maíz... (Pág. 82)

hebilla Es un objeto, que suele ser de metal y sirve para unir los dos extremos de un cinturón, para sujetar un zapato... (Pág. 99)

helado Es un dulce que está muy frío. (Pág. 126)

hermano, hermana Son hermanos los hijos de los mismos padres. (Pág. 9)

hermoso, hermosa Son las cosas que tienen belleza, que son bonitas. (Pág. 150)

herramientas Son instrumentos de trabajo de muchos oficios. (Pág. 83)

hierba La hierba la forman muchas plantas pequeñitas y tiernas que cubren el suelo. (Pág. 132)

hierro Es un metal que se usa para hacer máquinas y herramientas. (Pág. 85)

higiénico, higiénica Las cosas son higiénicas cuando son limpias y buenas para la salud. (Pág. 158)

hijo, hija Una persona es hija del padre y de la madre de los que nace. (Pág. 9)

hilo Es una fibra larga y fina. Sirve para coser, para hacer tejidos... (Pág. 83)

hilo de pescar Es un hilo especial para pescar, que suele ser de plástico o de fibra. También se llama sedal. (Pág. 165)

hipopótamo Es un animal mamífero que vive en los ríos. Es gordo y tiene el cuerpo y la cabeza grandes, pero sus patas son cortas. (Pág. 36)

historias Son cosas que han pasado y que alguien las cuenta. (Pág. 79)

historieta Es un cuento corto, gracioso o de aventuras. Normalmente lleva muchos dibujos. (Pág. 138)

hoguera Es un fuego del que salen muchas llamas. (Pág. 119)

hoja Las hojas son las partes verdes y planas que tienen las plantas; y también las láminas de papel (hojas de papel) de los libros, o en las que escribimos... (Pág. 132)

hombre Es un niño que se ha hecho mayor. (Pág. 75)

hondo, honda Algo es hondo cuando es profundo, cuando llega hasta muy abajo. (Pág. 131)

hora Una hora es el tiempo que duran sesenta minutos. También decimos que es hora de hacer algo cuando es el momento en que hay que hacerlo. (Págs. 19, 20 y 31)

hormiga Las hormigas son insectos que viven en grupos. Tienen una reina que pone los huevos de los que nacen nuevas hormigas. Hay hormigas machos y hormigas obreras, que hacen el trabajo. (Pág. 37)

hormiguero Lugar donde viven las hormigas. Suele estar bajo tierra. (Pág. 37)

horno Aparato para asar alimentos. (Págs. 46 y 82)

hospital Es un edificio en el que hay personas y cosas necesarias para curar las enfermedades. (Pág. 90)

hotel Es un edificio, que no es nuestra casa, en el que se puede vivir algún tiempo pagando dinero para poder estar en él. Suele tener muchas habitaciones. (Pág. 127)

hoy Es el día en que estamos. El de antes se llama "ayer" y el de después se llama "mañana". (Pág. 153)

huerta Es un terreno en el que se cultivan verduras, otras plantas de huerta y árboles frutales. (Pág. 150)

huerto Es una huerta pequeña. (Pág. 150)

hueso Los huesos son las partes más duras del cuerpo. En ellos se sujetan los músculos, o sea, la carne. (Pág. 54)

huevo Es como una especie de bola, que puede ser redonda o un poco alargada y que ponen muchas clases de animales. De los huevos nacen sus hijos. (Págs. 35 y 84)

humedad Es el agua que moja las cosas. (Pág. 29)

húmedo, húmeda Algo está húmedo cuando está sólo un poco mojado. (Pág. 23)

humo Es un conjunto de gases que salen de algo que está ardiendo. (Pág. 113)

humor (buen humor, mal humor) Estar de buen humor es estar contentos y estar de mal humor es estar enfadados. (Pág. 162)

I i

idea Tener una idea es pensar en cómo vamos a hacer algo. (Pág. 164)

iglesia Es un edificio en el que algunas personas se reúnen para rezar. (Pág. 122)

igual Dos cosas son iguales cuando se parecen en todo. (Pág. 138)

importante Algo es importante para nosotros cuando nos interesa, nos viene bien o nos parece de mucho valor. (Pág. 39)

imposible Decimos que algo es imposible cuando no se puede hacer o es muy difícil de hacer. (Pág. 74)

imprenta Es el lugar donde se imprime, donde se les ponen las letras y dibujos a los libros y revistas con unas máquinas especiales. (Pág. 138)

incendio Hay un incendio cuando arde un bosque o un edificio. (Pág. 95)

insecto Los insectos son una clase de animales que suelen ser pequeños. Tienen dos antenas, seis patas y dos o cuatro alas. (Busca **animal**)

instrumento musical Es cualquier objeto con el que se puede hacer música. (Pág. 55)

intentar Intentamos algo cuando estamos decididos a hacerlo. (Pág. 61)

interés Una persona hace algo con interés cuando le gusta lo que hace o cuando quiere hacerlo. (Pág. 119)

interesante Algo es interesante cuando nos interesa porque nos gusta o nos hace falta. (Pág. 78)

inventar Es imaginar cosas o historias que no son verdad. También es hacer algo nuevo que a nadie se le había ocurrido antes. (Pág. 22)

invento Es una cosa que alguien inventa, y descubre que sirve para hacer algún trabajo, o para distraer... (Pág. 142)

invierno Es la estación del año en la que hace más frío. Va después del otoño y antes de la primavera. (Pág. 26)

invitado, invitada Son personas a las que se invita. (Pág. 18)

invitar Es avisar o pedir a alguien que asista a una reunión, a una fiesta, a pasar unos días con nosotros... (Pág. 18)

inyección Es un medicamento líquido que nos ponen con una aguja hueca y una jeringuilla. (Pág. 71)

ir (van, han ido) Ir, o irse, es moverse, marcharse de un lugar a otro. (Págs. 111 y 139)

ir o **salir de compras** Es recorrer tiendas, comprando cosas diferentes. (Pág. 167)

ir de la mano Es ir a algún sitio agarrados de la mano de alguien. (Pág. 49)

isla Es una parte de tierra que tiene agua a su alrededor. (Pág. 130)

J j

jabón Es un producto que hace espuma con el agua y sirve para lavar o limpiar. (Págs. 47 y 101)

jaleo Se hace jaleo cuando se alborota y se hace ruido. (Pág. 18)

jamón Es la carne de la pierna del cerdo, que se ha untado con sal y se ha dejado secar. (Pág. 84)

jarabe Es una medicina líquida un poco espesa que sabe dulce. (Pág. 66)

jardín Es un lugar donde se cultivan flores, árboles y otras plantas. (Pág. 147)

jardinero, jardinera Son las personas que se ocupan de cuidar los jardines. (Págs. 30 y 147)

jarra Es una vasija ancha y con asa en la que se ponen líquidos, para servirlos en los vasos fácilmente. (Pág. 103)

jarrón Es una vasija que se usa como adorno o para poner flores. (Pág. 11)

jaula Es como una caja hecha con tiras separadas unas de otras. Sirve para tener dentro algún animal. (Págs. 39 y 84)

jefe, jefa Personas que mandan a otras para que hagan su trabajo como deben hacerlo. (Pág. 94)

jersey Es una prenda de vestir que es de punto y sirve para abrigar. Tapa el cuello, los hombros, los brazos y el cuerpo hasta la cintura o un poco más abajo. (Pág. 26)

jirafa Es un animal mamífero que tiene el cuello muy largo y la cabeza pequeña con dos cuernecitos. Sus patas delanteras son más largas que las de atrás. Es de color rubio con manchas oscuras. (Pág. 39)

joyas Son piezas hechas con metales nobles, como el oro, la plata, el platino, y con piedras preciosas. Las usan las personas como adorno. (Pág. 103)

joyería Es un comercio donde se venden joyas. (Pág. 103)

judías También se pueden llamar fríjoles, habichuelas, alubias... Nacen en las huertas, tienen forma alargada, y dentro están las semillas. (Pág. 150)

juego Es cualquier cosa que hacemos para divertirnos y para pasarlo bien. También llamamos juegos a las cosas con las que jugamos. (Pág. 17)

jugador, jugadora Personas que forman parte de un equipo deportivo. (Pág. 106)

jugar Es entretenernos y divertirnos con algún juego. También se puede decir que se juega un partido cuando se juega para ver qué equipo gana. (Págs. 20 y 106)

juguete Es cualquier cosa que sirve para jugar con ella y entretenerse. (Pág. 58)

julio Es el séptimo mes del año. Ya es verano y estamos de vacaciones. (Pág. 161)

junio Es el sexto mes del año. A finales de junio empieza el verano. (Pág. 161)

juntarse Es reunirse para estar juntos. (Pág. 163)

juntos Que están cerca, unos al lado de los otros. (Pág. 127)

L l

labrador, labradora Personas que cultivan la tierra para que dé frutos. (Pág. 148)

lado Cuando un objeto tiene dos partes, como el cristal de una ventana, que tiene la parte de dentro y la de fuera, cada una de esas partes es un lado. (Pág. 159)

ladrillos Son piezas de arcilla cocida que se usan en la construcción. (Pág. 87)

lagartija Es un reptil pequeño. Tiene las patas cortas y se alimenta de insectos. Le gusta mucho tomar el sol. (Pág. 37)

lago Un lago es una gran cantidad de agua, que está quieta, y se ha quedado en la parte honda de un terreno. (Pág. 166)

lámpara Es un aparato que da luz. (Pág. 45)

lana Es el pelo de las ovejas. (Pág. 35)

lanzamiento Es lo que se hace o lo que ocurre cuando se lanza algo. (Pág. 106)

lanzar Es tirar algo con fuerza. (Pág. 52)

lápiz, lápices Los lápices son unas barritas de madera que llevan dentro una sustancia de carbón y sirven para escribir o dibujar. Algunos tienen la barrita de dentro de distintos colores y sirven para colorear, para pintar. (Pág. 50)

latas de conserva Son latas en las que se meten los alimentos para que se conserven sin estropearse. (Pág. 83)

lavabo Es la pila, con sus grifos, que usamos para lavarnos la cara, las manos, los dientes... (Pág. 47)

lavadora Máquina que lava la ropa. (Pág. 46)

lavar Lavar una cosa es quitarle la suciedad, con agua y jabón. (Pág. 154)

lavarse Nos lavamos cuando nos quitamos nuestra suciedad con agua y jabón. (Págs. 14 y 154)

lazo Es un tipo de nudo que se hace en una cinta y que es fácil de desatar, tirando de una punta de la cinta. (Pág. 27)

leche Es un líquido de color blanco, que producen las madres en sus pechos para alimentar a sus hijos cuando son pequeños. La leche también es buen alimento para cualquier persona. (Págs. 35 y 84)

lechuga Es una planta de huerta que suele comerse cruda, en ensalada. Por fuera es verde y por el centro amarilla. (Pág. 98)

leer Es mirar algo que está escrito y entender lo que allí dice. (Pág. 53)

lejano, lejana Es algo que está lejos. Lo contrario es "cercano". (Pág. 39)

lejía Es un líquido que se usa para limpiar o para poner más blanca la ropa. (Pág. 101)

lejos Una cosa está lejos de nosotros cuando está a mucha distancia. (Pág. 140)

lentejas Son las semillas de una planta. Son pequeñas y se toman guisadas. (Pág. 83)

leña Son los trozos de madera que usamos para hacer fuego. (Págs. 44 y 85)

leñador, leñadora Personas que cortan o que venden leña. (Pág. 81)

león, leona Son animales mamíferos, grandes, de color rubio. El león tiene una hermosa melena. Se alimentan de carne y suelen vivir en familias. (Pág. 38)

leopardo Es un animal mamífero de color rojizo con manchas. Se alimenta de carne y es bastante grande. (Pág. 38)

leotardo (o leotardos) Es una prenda de punto que tapa desde los pies hasta la cintura. (Pág. 26)

letrero Es un cartel que podemos leer para enterarnos de algo. (Pág. 125)

librería (Pág. 44) Es un mueble con estantes donde se colocan los libros.

librería (Pág. 103) Es un comercio donde se venden libros.

libreta Es un cuaderno donde se apuntan cosas. (Pág. 103)

libro Un libro es un conjunto de hojas escritas que están unidas. También puede tener dibujos y fotografías. (Pág. 103)

ligero, ligera Si hablamos de algo que hay que llevar puesto o en la mano, es algo que pesa poco y que no estorba; y si hablamos de algo que se mueve, ligero significa "que corre mucho". (Pág. 27)

limón Es el fruto del limonero. Es de color amarillo, tiene la forma parecida a la de los huevos y su sabor es agrio. (Pág. 98)

limonada Es una bebida hecha con zumo de limón. (Pág. 124)

limpiar Es quitar la suciedad. (Pág. 115)

limpieza Es lo que se hace cuando se limpia muy bien algo o a alguien. (Pág. 153)

limpio, limpia Están limpias las cosas que no tienen manchas ni suciedad. (Pág. 158)

linterna Es un objeto que da luz y funciona con una bombilla pequeña y pilas eléctricas. (Pág. 166)

lío Decimos que algo se ha hecho un lío cuando se ha enredado o se ha descolocado. (Pág. 165)

líquido, líquida Las cosas son líquidas cuando hay que tenerlas metidas en cacharros o recipientes, porque si no, se derraman. Tienen la forma del cacharro donde están, y cambian de forma cuando las pasamos a otro cacharro. (Pág. 68)

lista Hacemos una lista cuando apuntamos los nombres de personas, de animales o de cosas para que no se nos olviden. (Pág. 15)

listo, lista Decimos que una persona o un animal son listos cuando son inteligentes y saben hacer las cosas bien. (Pág. 35)

¡Listos!, ¡Listas! Una persona está "lista para hacer algo" cuando ya está preparada para empezar a hacerlo. (Pág. 30)

llamar Es pedir a alguien que venga adonde estamos. (Pág. 78)

llamarse Las personas, los animales y las cosas tienen un nombre: se llaman así. (Pág. 37)

llano, llana Un terreno es llano cuando no tiene altos ni bajos. (Pág. 113)

llave Es cualquier cosa que sirve para abrir o cerrar algo. Hay llaves para las puertas, los armarios...; grifos para el agua, llaves que encienden y apagan la luz... (Pág. 43)

llegada Es el momento en el que se llega a un sitio. (Pág. 162)

llegar Cuando alguien va a un sitio, llega en el momento en que ya está allí. Y decimos que llega el invierno o que llega la primavera cuando es su momento de venir. (Págs. 10 y 57)

llenar Es meter algo dentro de una caja, de un cacharro..., hasta que ya no cabe más. (Pág. 82)

lleno, llena Algo está lleno cuando ya no le cabe nada más. (Pág. 106)

llevar Llevamos algo de un sitio a otro cuando lo quitamos del sitio donde estaba y lo ponemos en otro distinto. (Pág. 157)

llevar a alguien Cuando nos acompaña una persona mayor a algún sitio, decimos que nos lleva a ese sitio. (Pág. 74)

llover Llueve cuando cae agua de las nubes. (Pág. 131)

lluvia Es lo que ocurre cuando llueve. (Pág. 131)

lobo, loba Son animales mamíferos que se parecen a los perros, pero no son domésticos, sino salvajes, y se alimentan de los animales que cazan. (Pág. 38)

lombriz Es una clase de gusano. Tiene el cuerpo alargado y vive en la tierra. (Pág. 37)

loro, lora Son unas aves que tienen las plumas de colorines y el pico grande y curvado hacia dentro. Algunos loros aprenden a hablar. (Pág. 34)

luchar Luchar por algo es pelearse por ello. (Pág. 106)

luego Significa igual que "después", más tarde... (Pág. 18)

lugar Un lugar es lo mismo que un sitio o que una población. (Pág. 124)

lujoso, lujosa Una cosa es lujosa cuando tiene cosas de mucho valor que no son necesarias. (Pág. 127)

luminoso, luminosa Es lo que da luz. (Págs. 59 y 125)

Luna Es un astro que da vueltas alrededor de la Tierra: es su satélite. (Pág. 129)

luz, luces La luz la forman unos rayos que nos permiten ver lo que nos rodea. Cuando hay oscuridad, no hay luz y no vemos. (Pág. 58)

luz eléctrica Es la que se produce por electricidad, como la de las bombillas, los focos... (Pág. 130)

M m

macarrones Son unos tubitos hechos con pasta de harina. Se comen cocidos y con alguna salsa. (Pág. 82)

maceta Es un cacharro donde se cultivan plantas. (Págs. 35 y 102)

macetero Es lo que sirve para poner macetas encima o dentro. (Pág. 102)

madera Es lo que tienen los árboles debajo de la corteza. Se usa para hacer muebles o como leña para el fuego. (Pág. 83)

madre Nuestra madre es la mujer de la que hemos nacido. También hay madres e hijos entre los animales. (Pág. 49)

madrugar Es levantarse pronto de la cama por la mañana. (Pág. 123)

maestro, maestra Personas que tienen como oficio enseñar a los demás. (Pág. 90)

madurar Los frutos están maduros cuando ya se pueden comer. (Pág. 152)

magia Consiste en hacer cosas maravillosas que parecen imposibles. (Págs. 18 y 75)

magnetófono Es un aparato en el que se pueden grabar sonidos y oírlos. (Pág. 142)

mago, maga Personas que saben hacer magia. (Pág. 75)

maíz Son unos granos amarillos que crecen en mazorcas, que son de una forma parecida a la de las piñas. Se pueden cocer, tostar o hacer palomitas con ellos. (Pág. 148)

maleta Es una especie de caja con un asa que sirve para llevar las cosas cuando viajamos. (Pág. 84)

maletín Es una maleta pequeña. (Pág. 118)

malla (o **mallas)** Es una prenda de gimnasia o de baile que queda ajustada al cuerpo y es elástica. Es parecida a los leotardos, pero más fina. (Pág. 29)

mamá Es una manera de decir "madre". (Pág. 13)

mamar Algunas personas y animales, cuando hace poco que han nacido, se alimentan de la leche de sus madres. Eso es mamar. (Pág. 13)

mamífero, mamífera Son los animales que de pequeños maman, y también las personas. (Busca **animal**)

manchar Es ensuciar algo. (Pág. 89)

mandar Es obligar a alguien a que haga algo o pedirle que lo haga. (Pág. 99)

manejar Manejamos algo cuando lo usamos con las manos. (Pág. 68)

manera Es la forma de hacer una cosa, cuando se puede hacer de otras formas. (Pág. 60)

manga Es la parte de la ropa que tapa el brazo. También es el tubo por el que pasa el agua para regar o para apagar un fuego. (Págs. 26 y 30)

manguera Significa igual que la manga de regar y la de apagar fuegos. (Pág. 30)

manillar Es la parte de una bicicleta o de una moto que sirve para agarrarla con las manos y conducir. (Pág. 111)

mano Es la parte de nuestro cuerpo que está al final del brazo. Va desde la muñeca hasta la punta de los dedos. (Pág. 49)

¡Manos a la obra! Decimos esta expresión cuando queremos que alguien se ponga a hacer algo en seguida. (Pág. 153)

mantel Es una pieza de tela que se pone sobre la mesa cuando se va a comer. Al mantel con sus servilletas se le llama mantelería. (Pág. 11)

mantequilla Es un alimento que se hace con la nata de la leche. (Pág. 84)

manzana Es una fruta que tiene una forma más o menos redonda, una carne muy buena y una piel fina. (Pág. 98)

manzano Es el árbol que da manzanas. (Pág. 98)

mañana La mañana es la primera parte del día, desde que amanece hasta el mediodía. También llamamos mañana al día siguiente al de hoy. (Pág. 14)

mapa Los mapas son dibujos de la Tierra, o de una parte de ella, como si se viera desde arriba, pero en pequeño. (Pág. 53)

máquina Es un aparato, hecho con

distintas piezas, que puede hacer un trabajo. (Pág. 82)

máquina de escribir Es una máquina con la que se escribe más claro y más deprisa que cuando se escribe a mano. (Pág. 95)

máquina del tren En un tren, es la máquina que va delante de los vagones y tira de ellos. También se llama locomotora. (Pág. 93)

maquinista Es la persona que maneja y conduce una locomotora. (Pág. 93)

mar Llamamos mar al agua salada que cubre gran parte de la Tierra. (Pág. 81)

maravilla (de maravilla) Hacer algo de maravilla es hacerlo muy bien. (Pág. 143)

maravilloso, maravillosa Algo nos parece maravilloso cuando nos gusta mucho. (Págs. 31 y 77)

marcar Marcar un número de teléfono es girar el disco o ir tocando las teclas hasta que completamos el número al que queremos llamar. (Pág. 140)

marcha Es un paseo a paso rápido. (Pág. 163)

marearse Es sentir mareo. (Pág. 165)

mareo Es una sensación desagradable, como si todo nos diera vueltas. (Pág. 165)

margarita Es una flor amarilla en el centro y con pétalos blancos alrededor. (Pág. 147)

marido y mujer También pueden llamarse "esposo y esposa", y son un hombre y una mujer que se casan. (Busca **casarse**)

marinero, marinera Personas que trabajan en los barcos. (Pág. 93)

marioneta Es un muñeco que se mueve cuando se tira de unos hilos que tiene atados a los pies, a las manos... (Pág. 20)

mariposa Las mariposas son insectos que tienen las alas grandes y bonitas, que pueden ser de distintos colores. (Pág. 37)

mariquita Es un escarabajo que tiene las alas de fuera llenas de puntitos negros. Es buena para las plantas, porque se come los pulgones. (Pág. 37)

martillo Es una herramienta que se usa para dar golpes en algunos trabajos. Tiene una parte de hierro, que es con la que se golpea, y un mango para agarrarlo. (Pág. 85)

marzo Es el tercer mes del año. A finales de marzo empieza la primavera. (Pág. 57)

más Cuando tenemos algo y nos parece poco, decimos que queremos más. Cuando hace frío, y aumenta el frío, decimos que hace más frío. (Pág. 27)

masticar Es aplastar y deshacer la comida con las muelas y los dientes para poder tragarla. (Pág. 69)

material (materiales) Los materiales son las materias y objetos que se necesitan para hacer o fabricar algo. (Págs. 86 y 126)

matrimonio Lo forman un hombre y una mujer que se casan para hacer una familia. (Busca **boda**)

mayo Es el quinto mes el año. En mayo suele haber muchas flores. (Pág. 145)

mayores Mayor significa "más grande". Cuando hablamos de personas, mayores significa "que tienen más años". (Págs. 51 y 121)

mayoría Cuando se dice que la mayoría de la gente hace una cosa es que son más las personas que la hacen que las que no la hacen. (Pág. 165)

mazapán Es un dulce hecho con almendras. (Pág. 61)

mecánico, mecánica Son las personas

que construyen, arreglan o usan máquinas. (Pág. 86)

mecedora Es una silla con brazos que por la parte de abajo es curva y sirve para mecerse. (Pág. 44)

mecerse Es moverse hacia adelante y hacia atrás, en una mecedora, como columpiándose un poquito. (Pág. 163)

medicamento Los medicamentos son las medicinas que nos curan. (Pág. 70)

medicinas Son sustancias que se preparan en laboratorios, para curar distintas enfermedades. (Pág. 66)

médico, médica Son las personas que curan las enfermedades. (Pág. 70)

medio Algo o alguien están en el medio cuando están en el centro de algún lugar. (Pág. 122)

mediodía Es el momento del día en el que el Sol está más alto. (Pág. 130)

medir Es averiguar lo larga o lo ancha que es una cosa; o cuánto tiempo se tarda en hacer algo... (Pág. 110)

mejillón Es un animal que vive en el mar, pegado a las rocas. Tiene una concha oscura que se abre por la mitad y su cuerpo es de color naranja. (Pág. 36)

mejor Una cosa es mejor que otra cuando es más buena. Algo se hace mejor cuando se hace más bien. (Busca **bien**)

mejorar Es ponerse mejor de lo que se estaba. (Pág. 66)

melocotón Es una fruta redonda, con hueso en el centro. Su carne es muy sabrosa y tiene mucho jugo. (Pág. 83)

melocotonero Es el árbol que da melocotones. (Pág. 151)

melón Es un fruto de tamaño grande. Su piel es dura, su carne es muy jugosa y tiene muchas pepitas en el centro. (Pág. 150)

melonar Es un terreno sembrado de melones. (Pág. 150)

menor Algo es menor que otra cosa cuando es más pequeño que ella. (Busca **mayores**)

menos Es una cantidad más pequeña de algo. Si tenemos varios caramelos y tomamos alguno, nos quedan menos. (Pág. 27)

mensajero, mensajera Personas que suelen ir en motocicleta para llevar cartas y paquetes de un sitio a otro. (Pág. 93)

mercado Es un edificio en el que hay muchas tiendas de alimentos. (Pág. 98)

mercería Es una tienda donde se pueden comprar cosas pequeñas para coser, para hacer punto... (Pág. 99)

merendar Es tomar la merienda. (Pág. 79)

merienda Es lo que se come por la tarde. (Pág. 79)

merluza Es un pez de mar que tiene la carne blanca y fina. (Pág. 98)

mermelada Es un dulce que se hace con frutas y azúcar. Se conserva en tarros de cristal o en latas. (Pág. 100)

mes Es cada una de las doce partes en que se divide el año. (Pág. 57)

mesa Es un mueble que tiene una tabla apoyada en una o varias patas. Sirve para poner cosas encima, para comer sobre ella, para apoyarse al hacer un trabajo... La tabla puede ser cuadrada, redonda, rectangular... (Págs. 34, 44, 45, 46 y 70)

mesa camilla Es una mesa que suele ser redonda y que se cubre con unas faldas. Debajo puede ponerse un brasero para que dé calor. (Pág. 44)

mesa de operaciones Es una mesa especial, parecida a una cama, en la que se echa una persona cuando la van a operar. (Pág. 70)

meta Es el final de una carrera. (Pág. 110)

metales Son una clase de minerales que tienen color brillante. (Pág. 85)

meter Es poner algo dentro de un lugar. (Pág. 157)

meterse Es entrar en algún sitio. (Pág. 67)

microbús Es un autobús pequeño. (Pág. 49)

micrófono Es un aparato que hace que los sonidos se oigan más fuerte. (Pág. 140)

miedo Es lo que sentimos cuando algo nos asusta. (Págs. 66 y 71)

miedoso, miedosa Son las personas que tienen miedo por cualquier cosa. (Pág. 22)

mimos Cuando queremos que nos hagan mucho caso, nos ponemos mimosos, tenemos mimos. (Pág. 66)

mina Lugar de donde se sacan los minerales de la tierra. (Pág. 81)

mineral Los minerales son rocas, metales..., que se sacan de la tierra y se aprovechan para hacer cosas con ellos. (Pág. 81)

minero, minera Personas que trabajan en las minas. (Pág. 81)

minifalda Es una falda muy corta. (Pág. 27)

mirador Es un balcón cerrado con cristales desde el que se ve la calle. (Pág. 42)

mirar Miramos cuando fijamos la vista, con atención, en lo que vemos. (Pág. 107)

mismo, misma Una cosa es lo mismo que otra cuando es igual. (Pág. 60)

misterio Es algo secreto que a veces no puede comprenderse. (Pág. 22)

mochila Es un saco o bolsa que se lleva en la espalda, colgada de los hombros, y que sirve para llevar las cosas del colegio o para ir de excursión. (Págs. 51 y 166)

mocos Son un líquido, a veces algo espeso, que nos sale por la nariz, sobre todo cuando nos acatarramos. (Pág. 66)

moda Decimos que está de moda lo que suele usar la gente durante algún tiempo, como, por ejemplo, la ropa. Luego, cambia la moda y se usan otras cosas distintas. (Pág. 92)

mojarse Algo se moja cuando un líquido lo humedece. (Pág. 131)

moler Es machacar una cosa hasta convertirla en polvo. (Pág. 82)

molestar Es hacer o decir algo que no le gusta a alguien. (Pág. 18)

momento Es un poco de tiempo. (Pág. 62)

monedero Es una bolsita para guardar monedas. (Pág. 98)

mono, mona Son mamíferos que tienen el cuerpo parecido al de las personas. Son muy graciosos y saben dar saltos y volteretas. Pueden agarrarse a las ramas de los árboles con las manos, con los pies y hasta con la cola. (Pág. 38)

mono Es un traje que lleva pantalón y que es de una sola pieza. Se pone para hacer trabajos en los que es fácil mancharse. También hay monos para esquiar. (Págs. 29 y 30)

montaña Es un terreno que está alto. (Pág. 110)

montañero, montañera Personas que escalan montañas. (Pág. 110)

montañismo Es el deporte que consiste en hacer marchas por las montañas o en escalarlas. (Pág. 110)

montarse Es subirse encima de algo. (Pág. 21)

monte Es un terreno alto que tiene árboles o plantas más pequeñas. (Pág. 22)

montón Un montón lo forman muchas cosas puestas unas encima de otras. También se dice "un montón" cuando hay muchas cosas, aunque no estén unas encima de otras. Por ejemplo: "Tengo un montón de libros". (Pág. 18)

mora Es el fruto de un árbol que se llama morera y también el de un arbusto que tiene espinas y se llama zarzamora. (Pág. 163)

morcilla Es un embutido que está hecho con sangre cocida de algunos animales, mezclada con cebolla, arroz y otras cosas de buen sabor. (Pág 98)

moreno, morena Estar morenos es tener la piel oscura por haber tomado el sol. Ser morenos es tener la piel y el pelo oscuros. (Pág. 130)

mosca Las moscas son insectos que vuelan. Molestan a las personas y a los animales, porque se posan en cualquier parte y se ponen muy pesadas. (Pág. 35)

mostrador Es como una mesa que hay en los comercios para apoyar y enseñar lo que se va a vender. (Pág. 71)

motocicleta Es un vehículo con motor que tiene dos ruedas. (Pág. 113)

motor Es un aparato que hace que se muevan distintas máquinas. (Pág. 91)

motorista Persona que conduce una motocicleta. (Pág. 111)

moverse Es cambiarse de sitio. (Pág. 132)

movido, movida Se dice que un día ha sido muy movido cuando se han hecho muchas cosas y muy deprisa. (Pág. 77)

movimiento Cuando nos movemos o algo se mueve, eso que ocurre es un movimiento. (Busca **moverse**)

mucho Es una cantidad grande de una cosa. (Pág. 66)

muchos, muchas Estas palabras significan "una cantidad grande" de cosas, o de animales o de personas. (Pág. 103)

mueble Los muebles son los objetos que hay en una casa. Sirven para muchas cosas: para sentarse, para acostarse, para poner algo en ellos... (Págs. 44 y 158)

mujer Es una niña que se ha hecho mayor. (Busca **madre**)

muletas Son unos bastones en los que apoyan los brazos y las manos las personas que no pueden andar bien. (Pág. 67)

mulo, mula Son unos animales parecidos a los caballos y a los burros. (Pág. 59)

mundo Llamamos mundo al planeta Tierra, aunque también podemos decir que el mundo es todo el universo, con sus estrellas, sus planetas... (Pág. 60)

muñeco, muñeca Son juguetes con forma de personas o de animales, pero más pequeños. (Pág. 58)

muralla Las murallas son unas paredes o muros altos y fuertes que se construían en los castillos y ciudades para defenderse de los enemigos que les atacaban. (Pág. 122)

museo Los museos son lugares que tienen dentro objetos interesantes o raros, para que mucha gente pueda verlos. (Págs. 54 y 127)

música Es una forma de combinar sonidos, de manera que resulte agradable escucharlos. (Págs. 55 y 137)

N n

nacer Empezar a vivir fuera del vientre de la madre. Hay algunos animales que nacen cuando salen de un huevo. Las plantas nacen cuando salen de la semilla, y las flores, cuando se abren. (Pág. 11)

nacimiento Cuando nace alguien, lo que ocurre es un nacimiento. (Pág. 11)

nada Significa "ninguna cosa". Lo contrario de "nada" es "algo". (Pág. 29)

nadador, nadadora Personas que nadan. (Pág. 108)

nadar Es lo que hacemos cuando nos movemos en el agua flotando, es decir, sin tocar el suelo con los pies. (Pág. 108)

nadie Significa "ninguna persona". Lo contrario es "alguien". (Pág. 89)

naranja Es una fruta redonda, tiene un sabor entre dulce y agrio, su corteza es algo gruesa y dentro tiene unas bolsitas que se llaman gajos, donde está su carne y su jugo. También se llama naranja un color, que es el de las naranjas. (Pág. 98)

naranjada Es una bebida que se hace con zumo de naranja. (Pág. 124)

naranjo Es el árbol que da naranjas. (Busca **naranja**)

nariz Es una parte de nuestra cara. Está entre los ojos y la boca, y sobresale de la cara. Tiene dos agujeros que nos sirven para respirar y para notar los olores. (Pág. 66)

natural (al natural) Vemos una cosa al natural cuando la vemos directamente, cuando estamos delante de ella. (Pág. 143)

navegar Es viajar en barco. (Pág. 108)

Navidad Es la fiesta en la que se celebra el nacimiento de Cristo. (Pág. 57)

necesario, necesaria Son las cosas, los animales o las personas que necesitamos. (Pág. 81)

necesitar Necesitamos algo cuando nos hace falta para hacer alguna cosa. (Pág. 15)

nervioso, nerviosa Estamos nerviosos cuando estamos impacientes por algo y no nos podemos estar quietos. (Pág. 62)

nevada Es la cantidad de nieve que cae hasta que deja de nevar. (Pág. 133)

nevar Es lo que ocurre cuando cae nieve. (Pág. 57)

nido (Pág. 149) Es una especie de cama que hacen las aves, con ramas, plumas y otras cosas blandas. Allí ponen sus huevos, nacen y viven los pollitos hasta que ya saben volar. Mientras tanto, sus padres los cuidan.

nido (Pág. 12) Es una forma cariñosa de llamar al lugar donde duermen todos los recién nacidos de una clínica.

nieto, nieta Tú eres nieto o nieta de los padres de tu mamá y de los padres de tu papá, y ellos son tus abuelos. (Pág. 10)

nieve Son copos blancos que parecen de algodón, pero que son agua helada que se ha convertido en nieve por el frío. Con el calor se derrite. (Pág. 110)

ninguno, ninguna, ningún Estas palabras significan "ni uno solo", "ni una sola". (Pág. 67)

niño, niña Una niña o un niño son personas que tienen pocos años. (Pág. 10)

noche La noche empieza cuando ya no nos llega la luz del Sol y se pone todo oscuro, y acaba por la mañana, cuando se hace de día. (Pág. 14)

Nochebuena Es la noche antes del día de Navidad. (Pág. 61)

Nochevieja Es la noche del día 31 de diciembre, último día del año. (Pág. 61)

noticia Nos dan una noticia cuando nos cuentan algo que ha ocurrido. (Pág. 141)

noviembre Es el undécimo mes del año, o sea, el que va en el lugar número once. (Pág. 42)

novio, novia Son dos personas que se conocen, se gustan, se quieren y piensan vivir juntos, casarse... (Pág. 11)

nube Es vapor de agua que hay en el aire. (Pág. 117)

nuevo, nueva Algo es nuevo para nosotros cuando no lo conocíamos o no lo habíamos tenido antes. (Págs. 10 y 51)

nuez, nueces Las nueces son el fruto del nogal. Cuando están en el árbol son verdes por fuera. Luego se secan y queda una cáscara dura, con la semilla dentro, que es lo que comemos. (Pág. 100)

número Los números nos sirven para contar cuántas cosas, animales o personas hay en un lugar. Pueden escribirse todos los números con sólo diez signos distintos: 0, 1, 2, 3, 4, 5, 6, 7, 8 y 9, igual que pueden escribirse todas las palabras con las letras del abecedario. (Pág. 94)

O o

obedecer Es hacer lo que nos mandan. (Pág. 74)

objetos Podemos llamar objetos a todas las cosas. Un objeto es una cosa. (Pág. 42)

obrero, obrera Personas que trabajan en fábricas o en cualquier otra obra. (Pág. 85)

observar Es mirar algo con gran atención para verlo mejor. (Pág. 54)

octubre Es el décimo mes del año. Ya es otoño y estamos en el colegio. (Pág. 42)

ocuparse Nos ocupamos de algo cuando lo hacemos con interés y atención. (Pág. 127)

ocurrir Cuando pasa algo, también podemos decir que ocurre algo. (Pág. 119)

oficina Es un lugar donde se trabaja. Allí se escribe, se hacen cuentas, se contestan cartas... (Pág. 94)

oír Es notar los sonidos por el oído, que está dentro de la oreja. (Pág. 137)

ojeada Echar una ojeada a algo es echar una mirada rápida. (Pág. 155)

ojos Son dos órganos que tenemos en la cara y que nos permiten ver. (Pág. 138)

olas Son ondas que se forman en el mar a causa del viento. (Pág. 108)

oler Es notar los olores por el olfato, que es un sentido que tenemos dentro de la nariz. (Pág. 101)

oliva Es lo mismo que aceituna. (Pág. 82)

olivo Es el árbol que da olivas. (Busca **aceitunas**)

olvidar Es no acordarse de algo, no tenerlo en la memoria. (Pág. 94)

operación Es lo que le hacen a una persona cuando la operan. (Pág. 70)

operar Es curar a una persona o a un animal abriéndoles el cuerpo y cortando o cosiendo lo que está mal. (Pág. 70)

ordenar, ordenado Es poner algo en su sitio. Entonces queda ordenado. (Pág. 156)

ordeñar Es sacar la leche de las vacas, las cabras... (Pág. 81)

orejas Son dos salientes que tenemos a los lados de la cabeza, por los que nos llegan los sonidos al oído. (Pág. 138)

organizar Se organiza algo cuando se prepara para que resulte bien. (Pág. 54)

orilla Es la parte de tierra que está al lado del agua del mar, de un río, de un lago... (Pág. 23)

orinar Es hacer "pis". (Pág. 47)

oro Es uno de los metales que se llaman preciosos. Es de color amarillo brillante, cuesta mucho dinero y se usa para hacer joyas y objetos de mucho valor. (Pág. 85)

orquesta Una orquesta la forma un grupo de personas que tocan distintos instrumentos musicales a la vez. (Págs. 55 y 114)

oscuridad Hay oscuridad cuando no hay luz. (Pág. 139)

oso, osa Son unos mamíferos bastante grandes. Comen de todo y pueden sostenerse sobre las patas de atrás. (Págs. 36 y 58)

oso polar, osa polar Son una clase de osos de color blanco. Son muy grandes y viven en las zonas heladas. (Pág. 36)

otoño Es la estación del año que va después del verano. Es cuando empezamos un nuevo curso en el colegio, se empiezan a caer las hojas de algunos árboles y ya no hace calor como en verano. (Pág. 26)

oveja Las ovejas son mamíferos domésticos. Dan leche, lana y carne. Los machos se llaman carneros y tienen unos cuernos enroscados a los dos lados de la cabeza. Los hijos de las ovejas y los carneros se llaman corderos. (Pág. 35)

ovillo Es una bola que se hace al enrollar hilo, lana, cuerda... (Pág. 89)

P p

padre Junto con tu madre, es la persona de la que tú has nacido. (Pág. 15)

pagar Es dar dinero al comprar algo. (Pág. 118)

país Los países son los territorios donde viven las personas. Los países tienen su propio idioma, sus costumbres... Y algunos, hasta su propia raza. (Pág. 60)

paisaje Es el conjunto de terrenos, ríos, mar... que podemos mirar y pensar si nos parece bonito o no. (Pág. 110)

pajaritas de papel Son figuritas que se hacen doblando una hoja de papel y que, cuando se han acabado de hacer, tienen una forma parecida a la de los pájaros. (Pág. 19)

pájaros Llamamos pájaros a las aves pequeñas. (Pág. 149)

pala Es una herramienta con una parte ancha y un mango. Sirve para recoger cosas y ponerlas en otro sitio. (Pág. 85)

palacio Es un edificio grande y lujoso. (Pág. 127)

palmera Es un árbol que tiene el tronco recto y alto. Sus hojas, que se llaman palmas, están arriba del todo y tienen forma de plumero. (Pág. 59)

paloma Las palomas son aves que pueden volar distancias muy largas. Las palomas mensajeras saben volver a su casa, por muy lejos que esté, y pueden llevar un mensaje atado en una pata. (Pág. 35)

palomar Es la casa en donde viven las palomas. (Pág. 35)

pan Es un alimento hecho de harina y

agua. Se cuece en hornos y puede tener forma redonda, alargada... (Pág. 82)

pan de molde Es un pan blandito que suele venderse en una bolsa de plástico y cortado en rebanadas cuadradas. (Pág. 15)

pandilla Es un grupo de personas que se juntan porque son amigas o para divertirse. (Pág. 163)

pantalón (o **pantalones**) Prenda de vestir que va desde la cintura hacia abajo, y tiene una parte distinta para cada pierna. Puede ser largo o corto. (Pág. 27)

pañal Es lo que se coloca para recoger la orina (el "pis") de los bebés y así no se sale hacia afuera. (Pág. 13)

paño de cocina Es un cuadrado de tela que se usa para secar los cacharros o para secarse las manos en la cocina. (Pág. 46)

papá Es otra forma de decir "padre". (Pág. 10)

papel El papel es una pasta hecha con madera y otros materiales y que, una vez aplastada y seca, sirve para escribir en ella, para hacer libros y cuadernos, para envolver cosas... (Págs. 19 y 62)

papel higiénico Es un papel fino que viene en rollos y que usamos para limpiarnos en el cuarto de baño. (Pág. 15)

papelera Es un cesto donde echamos los papeles que ya no nos sirven. (Págs. 51 y 121)

papelería Es la tienda donde venden papel, objetos para escribir... (Pág. 103)

paquete Es algo que está envuelto en un papel. (Págs. 62 y 102)

parabrisas Es el cristal delantero de los coches, que nos protege del viento, del polvo del camino... (Pág. 122)

parachoques Es una pieza que llevan los coches por delante y por detrás para que, si se llevan un golpe, no sea muy fuerte. (Pág. 118)

parada Es el lugar donde para siempre el autobús, el metro... (Pág. 123)

paraguas Es un objeto que nos tapa cuando llueve. Tiene una especie de bastón con una tela por encima, que se sujeta a él con varillas. El paraguas se puede abrir y cerrar. (Pág. 131)

parar Es dejar de movernos, de andar o de hacer cualquier cosa que estábamos haciendo. (Pág. 123)

pararrayos Es un aparatito que se coloca en los edificios altos para que, si cae un rayo, caiga en él y no haga daño a nadie. (Pág. 131)

parchís Es un juego en el que pueden jugar dos, tres o cuatro personas, sobre un tablero, con fichas de colores y dados. (Pág. 18)

parecer Cuando creemos que una cosa es distinta de como es en realidad, es porque nos parece así, porque la vemos de una manera que nos hace equivocarnos. (Pág. 117)

pareja Una pareja son dos personas que bailan juntas, o que juegan juntas... (Pág. 114)

parque Es un jardín grande, con árboles, hierba, flores..., y caminos por donde se puede pasear. Tiene zonas para jugar, para hacer algún deporte, para sentarse... (Págs. 21 y 124)

parque de atracciones Es un lugar al que se va para pasarlo bien, porque tiene tiovivos, coches de choque, norias, toboganes, puestos de golosinas... (Pág. 76)

parra Es una planta que da uvas. Como es alta puede dar sombra. (Pág. 151)

parte Puede significar "lugar". Cuando decimos: "Está en otra parte", es como si dijéramos que "está en otro lugar". (Pág. 37)

participar Participamos en una cosa cuando la hacemos junto con otras personas. (Pág. 108)

partido Es todo lo que se hace y todo lo que pasa cuando dos personas o dos equipos juegan para ver cuál gana. (Pág. 106)

párvulos Son los pequeñitos. (Pág. 50)

pasajero, pasajera Son personas que viajan en un avión, en un barco..., sin ser de la tripulación. (Pág. 117)

pasar unos días Pasar unos días en un lugar es igual que estar unos días en ese lugar. (Pág. 161)

pasear Es andar por gusto. También se puede pasear a caballo, en bicicleta... (Pág. 58)

paseo Ir de paseo es ir a pasear. También se llama paseo el lugar por donde suele pasear la gente. (Pág. 145 y 165)

paseo marítimo Es un paseo que suele haber al lado de las playas. (Pág. 165)

pasillo Es un espacio estrecho de las casas por el que se entra a distintas habitaciones. También es el espacio que hay entre dos filas de asientos. (Págs. 43 y 117)

paso de peatones Es una parte de la calle que está señalada para que puedan cruzar a la acera de enfrente las personas que van andando. A veces hay también un semáforo, que indica cuándo pueden cruzar. (Pág. 123)

paso Al andar, un paso es la distancia que hay entre el lugar donde ponemos un pie y donde ponemos el otro. (Pág. 140)

pasta Es la masa de harina con la que se hacen los macarrones, los fideos... (Pág. 82)

pasta dentífrica Es la pasta que está dentro de un tubo y que usamos para limpiarnos los dientes, frotándonos con un cepillo. (Pág. 14)

pastas Son dulces hechos con harina, azúcar, mantequilla, mermelada... (Pág. 102)

pastelería Es el lugar donde se hacen o se venden pasteles. (Pág. 102)

pasteles Son dulces hechos con una masa de bizcocho o de hojaldre. Pueden estar rellenos o adornados con nata, chocolate o cualquier otra cosa dulce. (Pág. 102)

pastillas Son unas piezas pequeñas de medicamento. Suelen ser redondas. (Pág. 71)

pastor, pastora Son las personas que cuidan un rebaño de animales. (Pág. 118)

patatas Son frutos de huerta. Nacen de una planta y crecen debajo de la tierra. (Pág. 150)

patinar Es deslizarse montados sobre unos patines. (Pág. 21)

patines Son esos aparatitos con ruedas que nos ajustamos en los pies para patinar. También hay patines sin ruedas, para patinar sobre el hielo. (Pág. 21)

pato, pata Son aves que nadan muy bien. Tienen el pico plano y se alimentan de hierba. (Pág. 35)

pavo, pava Son unas aves que se crían porque su carne es muy buena. (Pág. 98)

pavo real Es un pavo especial que tiene plumas brillantes, de color negro, azul y verde, que, cuando abre la cola, parecen un precioso abanico. (Pág. 39)

payaso, payasa Son artistas que se dedican a hacer reír a la gente. (Pág. 75)

paz Tener paz es lo mismo que tener tranquilidad y estar a gusto. (Pág. 60)

peatón, peatona Son las personas que van andando por la calle. (Pág. 121)

pecera Es un cacharro o recipiente de cristal, con agua, que sirve para tener peces vivos. (Pág. 34)

pedalear Es dar a los pedales para que se muevan las ruedas de algún aparato. (Pág. 21)

pedir Es decir a alguien que haga algo o que nos dé algo. (Págs. 53 y 71)

pegamento Es un líquido o una pasta que sirve para juntar dos cosas de manera que no se separen. (Pág. 51)

pegar Es juntar dos cosas con pegamento. (Págs. 51 y 138)

peinarse Es arreglarse el pelo con un peine o con un cepillo. (Págs. 47 y 155)

peine Es el objeto que usamos para peinarnos. (Pág. 101)

película Es un rollo que tiene muchas fotografías seguidas y que, al dar vueltas muy deprisa, con una luz por detrás, se ve todo en una pantalla como si se moviera de verdad. (Págs. 19 y 139)

peligro Hay peligro cuando puede suceder algo malo. (Pág. 67)

peligroso, peligrosa Son peligrosas las cosas que tienen peligro. (Pág. 68)

pelo Los pelos son una especie de hilitos que nacen en la piel. (Pág. 138)

pelota Es un juguete que tiene forma de bola. (Pág. 21)

pelotazo Es un golpe que se da con una pelota. (Pág. 21)

peluquería Lugar al que vamos para que nos corten o nos arreglen el pelo. (Pág. 91)

peluquero, peluquera Personas que cortan y arreglan el pelo a los demás. (Pág. 91)

pena Algo nos da pena cuando nos hace sentirnos tristes. (Pág. 139)

pendientes Son unas joyas o adornos que se colocan en las orejas. (Pág. 103)

pensar (Pág. 161) Es imaginar una cosa, aunque no la estemos viendo. También pensamos cuando intentamos entender o recordar algo.

pensar (Págs. 18 y 155) Algunas veces puede significar lo mismo que "creer". Por ejemplo: "Piensa que está guapo", es como si dijéramos que "cree que está guapo".

pepino Es un fruto de huerta, de forma alargada. Tiene la piel verde y su carne se toma en ensaladas. (Pág. 98)

pequeño, pequeña Se dice que los niños o las niñas son pequeños cuando aún no se han hecho mayores. (Pág. 10)

pera Es una fruta muy jugosa que tiene una forma algo más estrecha por un lado que por el otro. (Pág. 98)

peral Es el árbol que da peras. (Pág. 147)

percha Una percha sirve para colgar ropa. Puede ser una pieza suelta, con un gancho para colgarla en el armario, o un mueble con salientes donde se cuelga ropa, sombreros... Este mueble también se llama perchero. (Págs. 45 y 47)

perder Cuando no encontramos algo que teníamos es porque lo hemos perdido. (Pág 94)

perderse Nos perdemos cuando no sabemos dónde estamos ni hacia dónde tenemos que ir. (Pág. 121)

perejil Es una hierba de mucho olor que se usa para echarla en algunos guisos. (Pág. 150)

perfecto, perfecta Una cosa es perfecta cuando está tan bien hecha que no puede hacerse mejor. (Pág. 138)

perfume Es cualquier sustancia que tiene un olor agradable. Los perfumes se hacen mezclando cosas que huelen bien. (Pág. 101)

perfumería Es un comercio donde venden productos para que nos limpiemos, nos arreglemos y olamos bien. (Pág. 101)

periódico Es un conjunto de hojas de papel donde podemos leer lo que ocurre en el mundo. (Pág. 28)

periodista Persona que escribe lo que leemos en los periódicos. (Pág. 95)

permitir Una persona nos permite hacer algo cuando nos da permiso para que lo hagamos. Un aparato nos permite oír o ver algo cuando, gracias a ese aparato, podemos oírlo o verlo. (Pág. 137)

perro, perra Son animales mamíferos que viven con las personas y se hacen amigos de ellas. (Pág. 34)

persiana Es una pieza que se pone en las ventanas o balcones. Está formada por tablitas y puede subirse y bajarse, para que pase más o menos luz. (Pág. 92)

persona Todos los seres humanos somos personas: las mujeres, los hombres, los niños, las niñas... (Pág. 109)

personaje Es un ser fantástico de los cuentos, las películas...; o una persona importante. (Págs. 53 y 139)

pesado, pesada Son pesadas las cosas que pesan mucho. Alguien se pone pesado cuando molesta, cuando da la lata. (Pág. 93)

pesar Algo pesa mucho cuando necesitamos hacer mucha fuerza para levantarlo o para que no se nos caiga de las manos. (Busca **fuerza**)

pesca Es el oficio de los pescadores, lo que se hace cuando se pesca. (Pág. 81)

pescadería Lugar donde podemos comprar pescado. (Pág. 98)

pescadero, pescadera Personas que venden pescado. (Pág. 98)

pescado Llamamos pescado a los peces que alguien ha pescado para comérselos o para venderlos. (Pág. 81)

pescador, pescadora Personas que se dedican a pescar. (Pág. 81)

pescar Es sacar del agua peces, mariscos..., con cañas, con redes o de cualquier otra forma. (Pág. 36)

pesetas Es el nombre de las monedas que usamos en España. Hay monedas de una peseta, de cinco, de diez, de veinticinco, de cincuenta, de cien, de doscientas y de quinientas. Y billetes de mil, de dos mil, de cinco mil y de diez mil pesetas. (Pág. 98)

pez, peces Son animales que respiran dentro del agua y suelen tener el cuerpo cubierto de escamas. (Pág. 34)

pianista Persona que toca el piano. (Págs. 55 y 95)

piano Instrumento musical que tiene teclas blancas y negras. Al tocarlas, chocan con unas cuerdas de metal que están dentro del piano y se produce la música. (Pág. 55)

pídola Es un juego que consiste en saltar por encima de alguien que se pone inclinado, como a cuatro patas. (Pág. 20)

pie En las personas, es la parte donde acaba la pierna y nos sirve para apoyarnos al andar. En los árboles es la parte baja del tronco. (Pág. 149)

piedra Las piedras son trozos de rocas. (Pág. 54)

piedras preciosas Son las piedras que tienen mucho valor, como los diamantes, las esmeraldas... (Pág. 85)

piel Es como una tela que cubre el cuerpo de las personas y de los animales. Puede estar cubierta de pelo, de plumas, de escamas... (Págs. 67 y 84)

pienso Es la comida que se le da al ganado. (Pág. 84)

pierna Las piernas son las partes de nuestro cuerpo que nos sirven para andar. (Pág. 67)

pieza Es cada una de las partes que tiene un aparato, una máquina... (Pág. 86)

pijama Es un traje para dormir. Tiene un pantalón y una chaqueta. (Pág. 28)

piloto Persona que conduce un vehículo, pero especialmente un avión. (Pág. 93)

pincel Es un objeto que sirve para pintar y está formado por un palito y una escobilla con pelos. (Págs. 30 y 95)

pingüino Es un ave muy graciosa por su forma de andar. Sus alas no le sirven para volar, sino para nadar. Vive al lado de los mares fríos, en zonas heladas, y se alimenta de peces. (Pág. 36)

pintar Es dibujar con colores en un papel, en un cuadro... También se pintan las paredes, las puertas, las ventanas..., para que queden limpias. (Págs. 50 y 90)

pintor, pintora Son las personas que se dedican a pintar. (Págs. 30 y 95)

pintura Es el líquido o la crema de distintos colores que se usa para pintar. (Pág. 90)

pinzas Son unas tenazas que sirven para agarrar cosas pequeñas. (Pág. 70)

pipa Es un objeto que se usa para fumar tabaco picado. Tiene una especie de cazuelita, que es donde se pone el tabaco, y un tubito por donde se aspira el humo. (Pág. 28)

pipas Llamamos pipas a las pepitas de algunas plantas, como el girasol, la calabaza... (Pág. 126)

piscina Es un estanque con agua que sirve para nadar, para bañarse... (Págs. 29 y 108)

piso Es cada una de las alturas o plantas de una casa. Las casas de muchos pisos se llaman rascacielos. (Págs. 42 y 127)

pista (Pág. 74) La pista de un circo es la parte del centro, donde los artistas hacen el espectáculo.

pista (Pág. 107) Una pista deportiva es el lugar donde se practica un deporte.

pista (Pág. 117) La pista de aterrizaje es el lugar del que despegan o en el que aterrizan los aviones.

pizarra Es un cuadro de color oscuro que hay en las clases, donde se puede escribir o dibujar con tiza. (Pág. 51)

plancha Es un aparato de metal que se calienta al enchufarlo y quita las arrugas de la ropa al pasarla por encima. (Pág. 68)

planchar Es dejar la ropa alisada, sin arrugas, con una plancha. (Pág. 157)

planeta Es un astro que da vueltas alrededor del Sol o de otra estrella. (Pág. 135)

planta (Pág. 102) Llamamos plantas a los vegetales.

planta (Pág. 42) En una casa o edificio, planta es lo mismo que piso.

plantar Es meter una planta en la tierra para que eche raíces y crezca. (Pág. 148)

plata Es un metal de color blanco que se usa para hacer objetos de valor. (Pág. 103)

plátano Es una fruta que se cultiva en países donde no hace frío. Los plátanos tienen la piel amarilla, son alargados y tienen una carne blanda y muy dulce. (Pág. 98)

plato Los platos son cacharros o recipientes bajos y redondos en los que se sirve la comida. (Pág. 46)

playa Es esa zona de arena que está al lado del mar y también la parte de mar que queda cerca de la arena. (Pág. 130)

plaza Es un lugar ancho en el que se juntan varias calles. (Pág. 122)

plumero Es un objeto que tiene plumas y un mango. Sirve para quitar el polvo. (Pág. 153)

poco Es una cantidad pequeña. (Pág. 69)

podar Es cortar ramas de algunas plantas. (Pág. 30)

poder Decimos que algo puede ocurrir cuando es posible que suceda. (Pág. 67)

policía de tráfico Es lo mismo que guardia de circulación. (Pág. 90)

policía municipal La forman las personas que vigilan para que haya orden en los pueblos y ciudades. (Pág. 30)

pollo Los pollos son los hijos pequeños de las aves. (Pág. 35)

polvo El polvo lo forman trocitos muy pequeños de tierra y de otras materias, que está en el aire y se acaba posando sobre los objetos. (Pág. 159)

polvos de talco Son unos polvos blancos que se usan para poner la piel suave. (Pág. 13)

poner Es colocar algo en algún lugar. (Pág. 118)

portal En los edificios hay una puerta por la que se entra al portal, que es la entrada al edificio. Desde el portal se puede entrar o subir a las distintas viviendas. (Pág. 42)

portería Es el lugar donde están el portero o la portera de un edificio, de un equipo deportivo... (Pág. 106)

portero, portera Son las personas que cuidan la entrada de un edificio, de un teatro, de un cine, de un circo... O las que, en un partido, están en la portería para que no metan goles. (Págs. 73, 91 y 106)

posible Es algo que puede hacerse o que puede ocurrir. (Pág. 39)

postre Es lo que se toma al final de las comidas, y suele ser fruta o dulces. (Pág. 61)

pozo Es un agujero hecho en el suelo para sacar agua. (Pág. 59)

pradera Es un prado grande lleno de hierba. (Pág. 38)

prado Es un terreno donde se deja crecer hierba para que luego pueda comerla el ganado. (Pág. 146)

precio Es la cantidad de dinero que hay que pagar al comprar algo. (Pág. 15)

preferir Es querer a una persona o una cosa más que a las demás. (Pág. 98)

preguntar Es pedir a alguien que nos diga lo que queremos saber. (Pág. 51)

premio Es como un regalo que nos dan cuando hemos hecho algo bien. (Pág. 20)

preparar Preparamos algo cuando hacemos lo necesario para que las cosas resulten como queríamos. Cuando se prepara la comida, se hace todo lo que hay que hacer para que quede buena. (Pág. 46)

presentador, presentadora En un circo, son las personas que van diciendo lo que vamos a ver y a oír a continuación. (Pág. 75)

presumir Cuando tenemos algo bonito o interesante y queremos que lo vean los demás para sentirnos importantes, estamos presumiendo. (Pág. 70)

primavera Es la estación del año que va después del invierno. En primavera va dejando de hacer frío y parece que todo despierta: los animales, las plantas... (Págs. 27 y 145)

primero (Pág. 156) Decimos que hacemos una cosa primero cuando la hacemos antes que otra.

primero, primera (Pág. 109) Son los que están en el puesto número uno.

príncipe, princesa Son los hijos de una reina y de un rey. (Pág. 31)

prisa Hacer las cosas con prisa es hacerlas rápidamente, para acabar pronto. (Pág. 123)

problema (Pág. 51) Los problemas son ejercicios que se hacen en el colegio para aprender a encontrar su resultado.

problema (Pág. 89) Tenemos un problema cuando hay algo que nos cuesta hacer porque es difícil. Entonces necesitamos que alguien nos ayude.

procurar Es intentar conseguir algo, como "procurar escribir con buena letra", "procurar divertirse"... (Pág. 27)

producir Es dar frutos o fabricar algo. (Pág. 84)

profesor, profesora Personas que enseñan a sus alumnos y alumnas para que aprendan muchas cosas. (Pág. 50)

programa Un programa de televisión es cada uno de los espectáculos que podemos ver en ella. (Pág. 141)

pronto Hacemos una cosa pronto cuando la hacemos en seguida. (Pág. 66)

propaganda Sirve para intentar convencernos de que algo es bueno o malo. (Pág. 123)

público El público de un circo, de un cine, de un teatro..., es la gente que asiste allí para ver y oír. (Págs. 74 y 106)

puchero Es un cacharro o recipiente que sirve para guisar en él. (Pág. 95)

pueblo Los lugares donde viven las personas, y que están formados por casas, calles, plazas..., se llaman poblaciones. Un pueblo es una población pequeña. (Pág. 22)

puente Es un paso o camino que se construye para poder cruzar un río desde un lado hasta el otro. (Pág. 87)

puerta Para entrar o salir de una habitación hay un hueco, en el que hay una puerta que se abre y se cierra. También puede haber puertas en los armarios. (Págs. 42 y 43)

puerto Es una parte de la costa, preparada especialmente para que los barcos puedan llegar a la orilla y estar allí el tiempo que necesiten. (Pág. 113)

puesta de sol Es el momento del atardecer, cuando el sol empieza a dejar de verse. (Pág. 143)

puesto Es una tienda pequeña, un quiosco, una mesa puesta en la calle..., donde venden cosas. (Pág. 126)

pulpo Es un animal que vive en el mar. Tiene una cabeza grande y ocho patas. (Pág. 36)

puntería Una persona tiene buena puntería cuando tira algo y acierta a dar donde quería. (Pág. 106)

puntilla Es un adorno que tiene ondas y que se puede poner en los pañuelos, en la ropa.. (Pág. 99)

puntual Una persona es puntual cuando llega a un sitio a la hora que había dicho que llegaría. (Pág. 122)

Q q

quedarse Alguien se queda en un lugar cuando sigue donde estaba, sin ir a otro sitio. (Pág. 167)

quemadura Es una herida que nos hacemos cuando nos quemamos. (Pág. 67)

quemarse Nos quemamos cuando algo

muy caliente toca nuestra piel. Entonces nos pica, nos duele, nos escuece, y se nos puede hacer una herida. (Pág. 67)

querer Querer a una persona es sentir gran cariño, afecto y amor por ella. (Busca **cariño** y **amor**)

querer (Pág. 13) Querer hacer algo es estar decidido a hacerlo.

querer (Pág. 31) Querer que pase algo es desear que ocurra.

querido, querida Para nosotros son queridas las personas, animales y cosas a los que tenemos cariño. (Pág. 65)

queso Es un alimento que se hace con leche a la que se le quita la parte líquida. (Pág. 84)

quiosco Es una especie de caseta construida en la calle para vender algo. Hay quioscos de golosinas, de helados, de periódicos y revistas, de flores... (Pág. 121)

quitar el polvo Es limpiar los objetos para que no les quede polvo. (Pág. 153)

R r

rabo Es la cola de los animales. (Pág. 139)

radiador Es un aparato de calefacción que sirve para calentar un edificio. (Pág. 44)

radio Es un aparato por el que nos llegan los sonidos (música, noticias, concursos...) que nos mandan desde un lugar que puede estar muy lejos. (Pág. 140)

rama Es una parte de las plantas que les crece en el tronco o tallo. (Pág. 149)

ramo de flores Un grupo de flores juntas forman un ramo. (Pág. 12)

rana Las ranas son unos animales que pueden vivir en el agua y en la tierra. Tienen la piel fina y las patas de atrás les sirven para saltar y para nadar. (Pág. 36)

rapidez Hacemos algo con rapidez cuando lo hacemos deprisa. (Pág. 135)

rápido, rápida Una cosa es rápida cuando tarda poco tiempo en hacerse. (Pág. 154)

raqueta Es una pala para jugar a la pelota, al tenis... (Pág. 107)

rato Llamamos rato a un poco de tiempo. (Pág. 10)

ratón, ratona Son pequeños mamíferos roedores, que quiere decir que comen a pequeños mordiscos, como raspando lo que comen. Para eso tienen unos dientes especiales que cortan muy bien. Viven en las casas o en el campo. (Pág. 35)

raro, rara Una cosa nos parece rara cuando no esperábamos que fuera como es. (Pág. 86)

rascacielos Son edificios muy altos, y se llaman así porque parece que tocan o rascan el cielo. (Pág. 127)

rayo Es una chispa que se produce cuando choca la electricidad de dos nubes, o la de una nube con la de la tierra. (Pág. 131)

rebajas Los comercios están en rebajas cuando venden todo más barato para que la gente compre más. (Pág. 167)

rebaño Es un grupo de ganado. (Pág. 118)

recado Ir a hacer un recado es ir a comprar algo, a llevar un mensaje... (Pág. 99)

receta Es un papel en el que un médico o una médica escriben el nombre de las medicinas que tenemos que tomar. (Pág. 71)

recién nacido, recién nacida Es un bebé que ha nacido hace poco tiempo. (Pág. 10)

recoger (Pág. 156) Recoger cosas, cuando se han movido para algo, es volver a ponerlas en su sitio.

recoger (Pág. 52) Recoger la pelota es agarrarla cuando nos la lanzan.

recordar Es acordarse de algo. (Pág. 164)

recorrer Recorremos distintos sitios cuando vamos de uno a otro hasta que hemos estado en todos. (Pág. 97)

recortar Recortamos un papel o una cartulina cuando cortamos lo que sobra de la figura que está dibujada, para que quede con la forma que queríamos. (Pág. 51)

recreo Es el rato que pasamos jugando en el patio del colegio. (Pág. 20)

red Es un tejido muy calado que se usa para pescar. También son de red las porterías de algunos deportes de pelota. (Págs. 81 y 106)

redondo, redonda Es la forma que pueden tener algunas cosas, como un disco, que es redondo y aplastado; redondo y sin nada por el centro, como un aro; y redondas por todas partes, como una bola o una pelota. (Pág. 50)

refresco Es una bebida fría. (Pág. 100)

refugiarse Es protegerse, guardarse de algo que puede molestar. (Pág. 133)

regadera Cacharro que sirve para regar. Arriba tiene un asa y un agujero para llenarlo y por un lado el tubo por donde sale el agua. (Pág. 30)

regaliz Es una golosina que se hace con el jugo de las raíces de una planta que se llama regaliz. (Pág. 126)

regalo Es lo que alguien da a otra persona para que le guste y sea feliz. (Pág. 57)

regar Es echar agua a las plantas para que crezcan y para que no se sequen. (Pág. 148)

regla Es una pieza recta, plana y alargada que usamos cuando queremos dibujar una línea recta sin torcernos. (Pág. 51)

reír Es demostrar que estamos contentos. Al reír hacemos gestos, y unos ruidos que se llaman carcajadas. (Pág. 75)

relámpago Es la luz o resplandor que se ve cuando hay un rayo. (Pág. 131)

religión Muchas personas creen en un Dios que nos ha creado y que nos quiere. Entonces tienen una religión para tener relación con su Dios. (Pág. 60)

reloj Es un aparato que mide el tiempo y marca la hora que es. (Págs. 61 y 62)

relojero, relojera Son personas que hacen, arreglan o venden relojes. (Pág. 91)

remar Es mover los remos para que una embarcación pueda moverse. (Pág. 23)

remo Es como una pala de madera que sirve para mover las barcas. (Pág. 23)

remojo Estar en remojo es estar un rato dentro del agua. (Pág. 154)

repartir Cuando tenemos una cosa para varias personas, repartirla es hacer partes y dar una parte a cada una. Repartir el correo es llevar a cada persona las cartas que les han escrito. (Pág. 93)

repaso Dar un repaso a algo es mirar a ver si está bien, por si hace falta hacerlo mejor. (Pág. 156)

repetir Es volver a decir o hacer algo que ya habíamos dicho o hecho. (Pág. 69)

reptil Es un animal que anda como arrastrándose, o reptando, que es lo mismo. Son reptiles las serpientes, los lagartos, los cocodrilos... (Busca **animal**)

resbalar Es escurrirse por un sitio liso. (Pág. 108)

resfriado Es un catarro. (Pág. 66)

resfriarse Es igual que acatarrarse. (Pág. 66)

resguardarse Es protegerse de algo que puede molestar. (Pág. 131)

resolver Resolver un problema es encontrar la solución. (Pág. 51)

respaldo Es la parte de los asientos en la que apoyamos la espalda. (Pág. 139)

respirar Respiramos al tomar y echar el aire. Necesitamos respirar para vivir. (Pág. 66)

resta, restar Restamos, o hacemos restas, cuando calculamos cuánto es más grande un número que otro, o cuánto nos queda después de haberle quitado una cantidad. (Pág. 51)

restaurante Es un lugar al que se puede ir a comer. Luego hay que pagar lo que se ha comido. (Pág. 125)

resultado Es lo que averiguamos cuando hacemos un problema. También es la puntuación que han alcanzado los equipos que juegan un partido. (Pág. 110)

resultar Resulta bien lo que acaba bien, y resulta mal lo que acaba mal. (Pág. 162)

reunirse Es juntarse en una reunión para trabajar, para charlar, para divertirse o sólo porque las personas tienen ganas de verse y de estar juntas. (Pág. 11)

revista Es un libro delgado que tiene muchas ilustraciones y fotografías, y que se publica una vez a la semana, o cada quince días... (Pág. 137)

revolcarse Es echarse al suelo y dar vueltas rodando. (Pág. 146)

revolver Revolvemos las cosas cuando las miramos, las cogemos, las dejamos, y se quedan desordenadas. (Busca **colocar**)

rico, rica Decimos que algo está muy rico cuando nos gusta su sabor. (Pág. 69)

rifa En una rifa hay un premio y muchas personas que tienen un número, o más de uno. La persona que tiene el número que sale premiado se lleva el premio. (Pág. 164)

río Es agua que corre cuesta abajo hasta llegar a otro río más grande o al mar. Cuando llueve o cuando se deshace la nieve los ríos llevan más agua. (Págs. 36 y 131)

risa Los gestos y los ruidos que hacemos cuando nos reímos se llaman risa. (Pág. 139)

robar Nos roban cuando nos quitan algo que es nuestro. (Pág. 127)

roca Las rocas son minerales. Son los materiales duros que hay en la Tierra. (Pág. 54)

rodar Es dar vueltas. También es andar sobre ruedas. (Pág. 116)

rodear Nos rodean las cosas que están a nuestro alrededor. (Pág. 137)

rojo, roja Es el nombre de un color. Es el color de los tomates maduros. (Pág. 146)

rollo de papel Es un trozo largo de papel que está enrollado. (Pág. 47)

rompecabezas Es un juego que consiste en ordenar las piezas de una figura, hasta conseguir que la figura quede completa. (Pág. 18)

romper Cuando chocan una ola que

viene con otra que va, rompen y forman espuma. También pueden romper contra una roca. (Pág. 143)

romperse, roto Algo se rompe cuando recibe un golpe y se hace más de un trozo. Entonces se queda roto. (Pág. 132)

ropa, ropita Llamamos ropa a todo lo que nos sirve para vestirnos. Si la ropa es de un bebé, la llamamos ropita. (Págs. 66 y 13)

rosa Es una flor muy bella y olorosa. Hay rosas de muchos colores. El rosa también es un color, que resulta de mezclar el rojo y el blanco. (Pág. 147)

rosal Es un arbusto que da rosas. Sus tallos también tienen espinas. (Pág. 147)

rotulador Es un objeto para escribir, dibujar, pintar... Tiene una tinta especial que puede ser de muchos colores. (Pág. 103)

rozar Es tocar muy poquito una cosa, al pasar. (Pág. 109)

rueda Es cada una de las piezas redondas que dan vueltas para que un vehículo, apoyado en ellas, pueda moverse. (Pág. 91)

ruido Es un sonido que hace algún objeto al caer o al chocar contra otra cosa; el viento cuando sopla fuerte... (Pág. 119)

S s

sábana Las sábanas son las piezas de tela entre las que nos metemos cuando nos acostamos en la cama. (Pág. 13)

saber Saber hacer una cosa es ser capaces de hacerla bien. (Pág. 53)

sacapuntas Es el aparatito con el que afilamos los lápices para que tengan buena punta. (Pág. 51)

sacar brillo Es frotar algo hasta que brille. (Pág. 159)

sala de cine Es un lugar donde cabe bastante gente, que tiene butacas para que todos puedan ver cómodamente una película. (Pág. 139)

salchicha Es un embutido fino de carne de cerdo muy picada. (Pág. 84)

salchichón Es un embutido grueso que se hace con jamón, tocino y granos de pimienta, y que se deja secar antes de comerlo. (Pág. 84)

salida Es un día de salida, en el colegio, el día que nos llevan a algún sitio para ver algo interesante. (Pág. 54)

salir Cuando se está dentro de algún sitio, salir es irse afuera. (Pág. 26)

salón La habitación más grande de la casa se suele usar como salón, que sirve para estar o para recibir visitas. (Pág. 44)

salón-comedor Cuando en el salón de una casa está también el comedor, se llama salón-comedor. (Pág. 44)

saltar Es dar saltos o botes , levantándose del suelo y volviendo a bajar. (Pág. 20)

saltar de alegría Es dar saltos cuando estamos muy contentos por algo. (Pág. 52)

saltar el banco, el potro... Es dar un salto por encima, para caer al otro lado. (Pág. 52)

saltarse un semáforo Es pasarlo cuando está rojo. (Pág. 123)

salto Se da un salto cuando se salta. (Pág. 109)

saludar Saludamos a una persona cuando le damos un beso, un abrazo, un apretón de manos..., y significa que nos alegra encontrarnos con esa persona. (Págs. 49 y 116)

saludo Es lo que hacemos cuando saludamos a alguien. (Pág. 117)

salvar Es no dejar que le pase nada malo a alguien cuando está en peligro. (Pág. 70)

salvavidas Es cualquier cosa que flota y que ayuda a que no se ahoguen las personas que no saben nadar. (Pág. 23)

sandalias Son una clase de calzado que va abierto y se sujeta con correas. Suelen usarse cuando hace calor. (Pág. 27)

sandía Es un fruto grande y redondo. Su cáscara es verde y su carne roja y con mucho jugo. Dentro tiene pepitas oscuras por todas partes. (Pág. 98)

sano, sana Estamos sanos cuando tenemos buena salud, cuando no estamos enfermos. (Pág. 66)

sardina Las sardinas son peces de mar. Son pequeñas y de color plateado. (Pág. 36)

sartén Es un cacharro de cocina que sirve para freír. Es redonda, poco honda y tiene un mango para agarrarla sin quemarse. (Pág. 46)

secar Es quitar el agua o la humedad a algo. Cuando estamos mojados nos secamos con una toalla. Una planta se seca cuando no ha llovido o no la han regado bastante. (Págs. 90 y 155)

secreto Una cosa o un lugar son secretos cuando no los conocen otras personas. (Pág. 22)

sed Tener sed es tener ganas de beber. (Pág. 124)

seguir Seguir haciendo algo es continuar haciéndolo. (Pág. 75)

seguramente, ¡Seguro que...! Decimos estas expresiones cuando creemos que las cosas son o van a ser como nosotros pensamos. (Págs. 74, 126 y 135)

sello Los sellos son unos trocitos de papel que llevan algún dibujo o fotografía y que se pegan a las cartas y paquetes antes de echarlos al correo. (Pág. 97)

selva Es una zona llena de árboles que crecen muy bien porque están en lugares donde llueve mucho. (Pág. 38)

semáforo Es un poste con luces que se ponen de distintos colores, para dejar pasar unas veces a unos coches y otras veces a otros, y para que puedan cruzar los peatones sin que los atropellen. (Pág. 121)

semana Una semana la forman siete días seguidos: lunes, martes, miércoles, jueves, viernes, sábado y domingo. (Pág. 15)

sembrador, sembradora Personas que se dedican a sembrar. (Pág. 81)

sembrar Es poner semillas en la tierra para que nazcan plantas. (Pág. 150)

semilla Son granos que producen las plantas. Muchos sirven de alimento. Las semillas también se siembran para que de ellas nazcan nuevas plantas. (Pág. 150)

sencillamente Hacer algo sencillamente es hacerlo de manera sencilla. (Pág. 73)

sencillo, sencilla Es lo que resulta fácil y no es complicado. (Busca **sencillamente**)

sendero Es una senda, un caminito estrecho en el campo. (Pág. 163)

sentarse Es descansar sobre un asiento. (Págs. 44 y 107)

sentir Es notar algo. (Pág. 34)

septiembre Es el noveno mes del año. A finales de septiembre empieza el otoño. (Pág. 161)

sequía Hay sequía cuando está mucho tiempo sin llover. (Pág. 148)

serio, seria Decimos que una persona está seria cuando no se está riendo. Una cosa es seria cuando es importante. (Págs. 111 y 123)

serpiente Es un reptil de forma alargada. Algunas tienen un veneno en sus dientes que puede ser muy peligroso. (Pág. 39)

servir Una cosa sirve para hacer algo cuando vale para poder hacerlo. (Pág. 156)

servir algo Alguien sirve algo (un refresco, una comida...) a otras personas cuando se lo lleva adonde están para que se lo tomen. (Pág. 124)

siempre Significa igual que "todo el tiempo" o "en cualquier momento". (Pág. 102)

sierra Es una herramienta de acero que tiene dientes afilados. Con una sierra se pueden cortar (serrar) objetos duros. (Pág. 83)

siesta Es el rato en el que descansamos o dormimos después de comer. (Pág. 163)

siguiente Lo siguiente es lo que sigue: lo que viene detrás o lo que viene después. (Pág. 63)

silbar Es hacer un ruido al soplar, que puede sonar como el de un silbato o como una musiquilla. (Pág. 163)

silbato Es un instrumento pequeño y hueco que sirve para producir silbidos cuando soplamos en él. (Pág. 20)

silencio Cuando no hacemos ruido ni hablamos, estamos en silencio. (Pág. 15)

silla Es un asiento para una persona. Tiene respaldo, pero no tiene brazos. Normalmente tiene cuatro patas. (Pág. 44)

sillón Es como una silla, pero con brazos y más grande y cómodo. También se puede llamar butaca. (Pág. 45)

sillón de dentista Es un sillón especial, que se puede echar hacia atrás y que tiene muchos aparatos para curarnos la dentadura. (Pág. 71)

sirena (Pág. 23) Es un personaje de fantasía. Se dice que tiene forma de mujer desde la cintura para arriba, y forma de pez desde la cintura para abajo.

sirena (Pág. 90) Es un aparato que suena muy fuerte y sirve para avisar de algo. Puede ir en una ambulancia, en un coche de la policía, en un barco..., o estar en una fábrica para que se oiga cuándo es la hora de entrar o de salir.

sitio Un sitio es un lugar. (Pág. 156)

sobrar Sobra lo que no hace falta, o lo que ya no se come y se queda en la mesa. (Pág. 47)

socorrista Es una persona que cuida de que nadie se ahogue en las playas, en las piscinas... (Pág. 23)

sobrino, sobrina Los sobrinos de una persona son los hijos y las hijas de sus hermanos o de sus hermanas. (Pág. 10)

sofá Es un asiento cómodo, con respaldo y brazos, en el que caben varias personas. (Págs. 28 y 44)

sofá-cama Es un mueble que además de servir de sofá puede convertirse en cama para dormir. (Pág. 45)

Sol Es la estrella que nos da luz y calor. (Pág. 129)

soltero, soltera Es alguien que no se ha casado. (Pág. 9)

solucionar Es encontrar el resultado a un problema. (Pág. 89)

sombra Es una parte oscura donde no

da la luz directamente, porque hay algo delante que la tapa. (Pág. 130)

sombrero Es una prenda de vestir que se pone sobre la cabeza, para que dé sombra en verano o calor en invierno. (Pág. 97)

sombrilla Es parecida a un paraguas, pero más grande, y la usamos cuando no queremos que nos dé el sol. (Pág. 23)

sonajero Es un juguete que sirve para entretener a los niños pequeños con los ruiditos que hace al moverlo. (Pág. 19)

sonar Una cosa suena cuando hace ruido. (Pág. 137)

sonido Ruido. (Pág. 143)

sopera Es el recipiente o cacharro donde se sirve la sopa en la mesa. (Pág. 61)

sorprendente Es todo lo que nos produce una sorpresa. (Pág. 54)

sorprenderse Es llevarse una sorpresa, porque no lo esperábamos o porque es extraordinario. (Pág. 54)

sorpresa Nos llevamos una sorpresa cuando pasa algo que no esperábamos. (Pág. 164)

sortija Es un anillo que se pone de adorno en los dedos de la mano. (Pág. 103)

suave Algo es suave cuando está liso y blandito y nos da gusto tocarlo, como el pelo de un gato. (Pág. 147)

subir, subirse Es ponerse en un lugar más alto. (Pág. 67)

subterráneo Lugar que está hondo, debajo del suelo. (Pág. 22)

sucio, sucia Las cosas están sucias cuando tienen manchas y no están limpias. (Págs. 154 y 157)

sueldo Es el dinero que se le paga a una persona por su trabajo. (Pág. 92)

suelo Podemos llamar suelo a la superficie donde pisamos. Hay suelo en el campo, en la calle, en las casas... (Pág. 45)

suerte Decimos que tenemos buena suerte cuando nos pasan cosas buenas, y mala suerte, cuando nos pasan cosas malas o que no nos gustan. (Pág. 79)

suficiente Decimos que algo es suficiente cuando no necesitamos más. (Pág. 134)

sujetarse Es agarrarse con fuerza para no caerse. (Pág. 67)

suma, sumar Hacer sumas, o sumar, es juntar varias cantidades o números y ver cuánto resulta en total. (Pág. 51)

supermercado Es un mercado grande, en el que las personas que compran van poniendo en un carrito lo que necesitan y luego lo pagan a la salida. (Pág. 100)

supositorio Es un medicamento, con forma de cohete, que se pone en el culo o ano. (Pág. 71)

susto Es lo que sentimos cuando algo nos da miedo de repente. (Pág. 69)

T t

tabla Es una pieza plana y no muy gruesa, que suele ser de madera. (Pág. 46)

tablero de ajedrez Es una tabla cuadrada, con cuadros blancos y negros, que sirve para jugar al ajedrez y a las damas. (Pág. 18)

tablero de parchís Es una tabla

cuadrada, con casillas de distintos colores, que se usa para jugar al parchís. (Pág. 18)

taburete Es un asiento, para una sola persona, que no tiene nada para apoyar los brazos ni la espalda. (Pág. 14)

taller Es un lugar donde se hacen trabajos con las manos, como dibujos, esculturas, muebles... También es el lugar adonde podemos ir a aprender a hacer esos trabajos. (Págs. 83 y 85)

tamaño El tamaño de alguien, o de algo, es lo grande o lo pequeño que es. (Pág. 37)

también (Pág. 12) Significa "además".

también (Pág. 116) Significa "igual", "de la misma manera".

tambor Es un instrumento musical que hace mucho ruido cuando se golpea al tocarlo, porque está hueco y retumba. (Pág. 62)

tapa Es cualquier cosa que sirve para tapar algo. (Pág. 47)

tapar Es cerrar algo que está abierto, como una caja. También nos tapamos cuando nos ponemos ropa encima para no tener frío. (Busca **tapa**)

tapete Los tapetes son pañitos que se ponen sobre los muebles para adornarlos o para que no se estropeen. (Pág. 44)

tapia Es una pared que rodea un terreno. (Pág. 146)

taquilla Es la ventanilla donde venden billetes o entradas para poder ver algún espectáculo. (Págs. 73 y 125)

tardar Tardamos en hacer algo el tiempo que empleamos en hacerlo. (Pág. 110)

tarde Es la parte del día que va desde después de comer hasta que se va haciendo de noche. (Pág. 15)

tarjeta Las tarjetas son trozos de cartulina y las hay de varias clases. Una de ellas es la de las tarjetas de Navidad, que se usan para felicitar a alguien. (Pág. 63)

tarta Es un pastel grande, redondo, que suele estar relleno de algo. (Pág. 102)

taxi Es un coche que circula por las calles para llevar a las personas al lugar que desean ir. Luego pagan al taxista por llevarlas. (Pág. 93)

taxista Persona que conduce un taxi. (Pág. 93)

taza Es un cacharro pequeño, con asa, que se usa para tomar líquidos. (Pág. 28)

teatrillo Es como el escenario de un teatro, pero en pequeño, y se usa para jugar con títeres y marionetas. (Pág. 20)

teatro Es un lugar que tiene un escenario donde los actores y actrices hacen una obra. Delante del escenario hay asientos en los que la gente puede ver y oír tranquilamente sentada. (Pág. 78)

tebeo Es una pequeña revista para niños y niñas, que tiene historietas, chistes, pasatiempos... (Pág. 19)

techo Es la parte de arriba de una habitación. Donde acaba la habitación por arriba. (Pág. 43)

tecla Las teclas son piezas que se tocan con los dedos para que funcione algo. Pueden ser teclas de un instrumento musical, de una máquina de escribir, de una calculadora, de un ordenador... (Pág. 95)

teja Es cada una de las piezas de barro cocido que cubren una casa y forman el tejado. (Pág. 132)

tejado Es la parte de arriba de los edificios, que está inclinada y suele estar cubierta de tejas. Sirve para que resbale el agua y no cale cuando llueve. (Págs. 35, 42 y 122)

tela Es un tejido hecho con hilos. (Pág. 83)

televisión, televisor Es un aparato en el que se ven películas, dibujos animados, concursos. También podemos enterarnos de lo que pasa en el mundo. (Pág. 19)

telón Es una cortina que tapa el escenario de los teatros. Se abre cuando empieza la función y se cierra cuando termina. También se cierra y se abre en los intermedios. (Pág. 20)

temperatura Es la cantidad de calor que hace, o el que tenemos en nuestro cuerpo... (Pág. 146)

tenaza (o tenazas) Es una herramienta que tiene dos partes que se abren y se cierran, y sirve para sujetar con fuerza alguna cosa. (Pág. 99)

tendedero Es el lugar donde se tiende la ropa para que se seque. (Pág. 46)

tender Es colgar la ropa para que se seque, sujeta con unas pinzas. (Pág. 157)

tendero, tendera Personas que tienen una tienda o que trabajan en ella. (Pág. 92)

tenedor Es un cubierto con tres o cuatro pinchos que sirve para sujetar la comida y llevarla a la boca. (Pág. 46)

tenis Juego de dos personas. Cada una está a un lado de una red, y tienen que lanzar la pelota por encima con una raqueta, sin que se salga de un espacio que hay pintado en el suelo. (Pág. 107)

tenista Persona que juega al tenis. (Pág. 107)

terciopelo Es una tela de seda, como una alfombra de hilos muy cortitos y muy suaves. (Pág. 147)

terminar Una cosa termina cuando llega al final, cuando acaba. (Pág. 75)

termómetro Es un aparato que mide la temperatura, para saber cuánto calor hace o cuánto calor tenemos. (Pág. 101)

terraza Una terraza es un balcón grande. También es la parte alta de los edificios en la que se puede estar porque es plana y no tiene forma de tejado. (Págs. 42 y 46)

terraza de un bar Es un espacio con mesas y sillas que hay delante de algunos bares y cafeterías, donde las personas pueden tomar algo al aire libre. (Pág. 124)

terror Es un miedo muy grande. (Pág. 77)

tesoro Son cosas de mucho valor (joyas, oro, piedras preciosas...) que se tienen guardadas. (Pág. 22)

tiburón Los tiburones son unos peces enormes, con una boca grande llena de dientes, que pueden atrapar a cualquier pez o, incluso, a una persona. (Pág. 36)

tiempo (Pág. 105) Es el momento en que se hace algo.

tiempo (Pág. 145) Hablamos del tiempo para decir si hace buen o mal tiempo. Hace buen tiempo cuando no hace frío ni llueve.

tienda Las tiendas son comercios donde se puede comprar lo que se necesita. (Pág. 42)

tienda de campaña Es como una casa, pero hecha con barras y tela fuerte. Se arma y se desarma fácilmente, y sirve para dormir y para estar en el campo. (Pág. 119)

Tierra Es el nombre del planeta en el que vivimos. (Pág. 129)

tierras Son terrenos, lugares por los que podemos andar porque son el suelo del campo. (Pág. 113)

tijera (o tijeras) Es un aparato que sirve para cortar. Tiene dos hojas afiladas que se separan y se juntan cuando van cortando. (Págs. 51 y 99)

tijeras de podar Son un tipo de tijeras fuertes que se usan para cortar ramas de algunas plantas. (Pág. 30)

timón Es una especie de rueda que sirve para manejar los barcos o los aviones. (Pág. 93)

tío, tía Los hermanos y hermanas de tu papá y de tu mamá son tus tíos, y tu eres su sobrina o su sobrino. (Pág. 10)

tiovivo Es un aparato que da vueltas. Tiene coches, caballitos, trenes..., en los que nos montamos para divertirnos. (Pág. 76)

tirar (Pág. 156) Tiramos algo cuando lo echamos a la basura o a una papelera, porque ya no lo queremos.

tirar (Pág. 139) Tiramos de algo cuando lo agarramos y damos un tirón.

títere Los títeres son unas figuritas o muñecos que se mueven metiéndoles la mano dentro. (Pág. 20)

titularse, título A los libros, a las películas, se les pone un nombre. Este nombre es su título, y así es como se titulan. (Pág. 19)

toalla Es un tejido de felpa que sirve para secarse. Hay toallas de distintos tamaños, según para lo que sean. (Págs. 14 y 47)

toallero Es la barra o aro donde se cuelgan las toallas en el cuarto de baño. (Pág. 47)

tobogán Es un aparato que suele estar en los parques y sirve para subirse a lo alto y dejarse caer por él hacia abajo. (Pág. 20)

tocadiscos Es un aparato por el que podemos oír lo que está grabado en un disco. (Pág. 142)

tocar Es acercar la mano a una cosa, sin agarrarla. (Pág. 68)

tocar un instrumento Es hacer lo necesario para que suene un instrumento musical y haga música. (Págs. 55 y 142)

todos Están todos cuando no falta nadie. (Pág. 62)

toldo Es una pieza de tela que se coloca en lo alto de algún lugar para que haya sombra. (Pág. 124)

tomar Tomar algo es lo mismo que comer o beber algo. (Págs. 61 y 116)

tomar el sol Es estar al sol por gusto. (Pág. 130)

tomate Es el fruto de una planta que se llama tomatera. Es redondo, de color rojo y puede tomarse de muchas formas. (Pág. 98)

tómbola Es un lugar donde rifan premios. (Pág. 77)

tormenta Hay una tormenta cuando se forman en el aire truenos y relámpagos, viento y lluvia, nieve o granizo. (Pág. 131)

tornillo Es parecido a un clavo, pero en lugar de clavarlo dándole golpes con un martillo, se le va dando vueltas con un destornillador para que vayan entrando las roscas que tiene. (Pág. 99)

toro Es el macho de la vaca. Hay toros muy bravos, que atacan. (Pág. 146)

torre Es un edificio, o una parte de un edificio, que tiene forma alta y alargada. (Págs. 93 y 122)

tortilla Es una comida que se hace con huevos batidos, que luego se fríen en aceite. A las tortillas se les puede poner cualquier otro alimento que guste. (Pág. 146)

tortuga Es un animal que camina despacio, porque vive dentro de una concha que le estorba para caminar, pero que le sirve para meterse dentro de ella cuando algún animal le ataca. (Pág. 34)

tos Tenemos tos cuando echamos el aire de los pulmones de golpe, con ruido, varias veces seguidas y sin que lo podamos evitar. (Pág. 66)

tostada Es un trozo fino de pan tostado. (Pág. 28)

tostadora Es el cacharro o aparato que da calor y sirve para tostar. (Págs. 28 y 68)

trabajador, trabajadora Personas que trabajan y por eso les pagan un sueldo. (Pág. 30)

trabajar Es hacer algún trabajo. (Pág. 89)

trabajo Es cualquier tarea que hacemos. Hay trabajos de muchas clases. (Págs. 53, 81 y 89)

tractor Es una máquina que se usa para hacer trabajos del campo. Tiene ruedas grandes para andar bien por la tierra. (Pág. 81)

tractorista Es la persona que conduce un tractor. (Pág. 81)

traer Es ir a buscar una cosa y acercarla hasta donde estamos. (Pág. 62)

tráfico Decimos que hay mucho tráfico cuando circulan muchos coches por las calles o por las carreteras. (Busca **policía de tráfico**)

traje Se puede llamar traje a un vestido, pero también es un traje el que tiene falda y chaqueta, o pantalón y chaqueta. (Pág. 134)

trapecio Es una barra que está sujeta por los lados con unas cuerdas colgadas de un sitio alto y sirve para hacer ejercicios de circo o deportes. (Pág. 75)

tranquilo, tranquila Una persona o un animal están tranquilos cuando no tienen preocupaciones y están a gusto. (Págs. 28 y 70)

transparente Una cosa es transparente cuando al mirarla se pueden ver las cosas que hay al otro lado. (Pág. 119)

transportar Es llevar cosas o personas de un lugar a otro. (Pág. 93)

tren Es un medio de transporte que tiene una máquina y vagones que circulan por unas vías de hierro. Puede llevar personas, animales, cartas, paquetes y otros objetos más grandes. (Pág. 116)

tren eléctrico Es un juguete que tiene la misma forma que los trenes que sirven para viajar, pero en pequeño. (Pág 28)

trepar Es subirse a un sitio usando los pies y las manos. (Pág. 22)

triangular Es todo lo que tiene forma de triángulo. (Pág. 50)

triángulo Es una figura plana que tiene tres lados y tres ángulos. Hay un triángulo que es de metal y que suena cuando lo golpeamos con una barrita para hacer música. (Pág. 55)

triciclo Es un juguete que tiene tres ruedas y que se mueve cuando se pedalea en él. (Pág. 21)

trigo Es una planta que tiene espigas con unos granos que sirven para hacer harina. (Pág. 82)

tripulación Es el conjunto de personas que se encargan de que un barco o un avión funcionen y vayan por donde tienen que ir. (Busca **pasajero**)

trompeta Es un instrumento musical con forma de tubo, más ancho por el final, que suena y produce música cuando se sopla en él. (Pág. 55)

tropezar Es chocar con algo que nos puede hacer caer. (Pág. 67)

trucha Es un pez que vive en ríos y algunos lagos. Su carne es muy buena. (Pág. 98)

truco Es como una trampa pequeñita que se hace para engañar a los que están viendo juegos de magia y hacerles creer cosas imposibles. (Pág. 18)

trueno Es un ruido que se oye un poco después de ver un relámpago. (Pág. 131)

tubería Es el conjunto de tubos por donde pasa el agua, el gas... (Pág. 91)

tumbona Es una butaca o una silla en las que se puede echar el respaldo hacia atrás para poder tumbarse. (Pág. 23)

túnel Es un agujero que se hace para pasar de un lado de una montaña al otro, cruzándola por debajo. (Pág. 115)

turrón Es un dulce hecho con frutos secos, como almendras, avellanas..., y miel o azúcar. (Pág. 61)

U u

último, última Lo último es lo que se hace al final. (Pág. 155)

uniforme Es un traje que llevan las personas que hacen un mismo trabajo, o que van a un mismo colegio..., para reconocerse entre ellas; como los policías, los bomberos... (Pág. 30)

universo Es el mundo, con todos sus astros. (Pág. 135)

usar Usamos una cosa cuando la empleamos para hacer algo con ella. (Pág. 50)

útil Es todo lo que sirve para algo o que le viene bien a alguien. (Pág. 94)

uva Las uvas son el fruto de la vid. Nacen en forma de racimos, muchas juntas, pueden ser de varios colores y son buenas para comer o para hacer vino. (Pág. 61)

uvas pasas Son uvas que se dejan secar hasta que se quedan arrugaditas. Así pueden durar mucho sin estropearse y están muy dulces. (Pág. 100)

V v

vaca Las vacas son animales mamíferos que dan mucha leche. Son grandes y tienen cuernos. Son de la misma raza que los toros y los bueyes. (Pág. 35)

vacaciones Son un tiempo para descansar del colegio o del trabajo, o para ir de viaje. (Págs. 58 y 161)

vacunar Es poner una vacuna, que sirve para que no nos pongamos enfermos. (Pág. 70)

vagabundo Es una persona que anda de un lado a otro, sin quedarse a vivir en ningún sitio. (Pág. 20)

vago, vaga Son personas poco trabajadoras. (Pág. 89)

vagón Los vagones de un tren son los vehículos en los que van las personas o en los que se transportan objetos. (Pág. 116)

valiente Es la persona que no tiene miedo y, aunque lo tenga, hace lo que tiene que hacer. (Pág. 76)

valla Es un conjunto de tablas juntas que sirven para cerrar o señalar un lugar. (Pág. 123)

valor Decimos que una cosa es de mucho valor cuando cuesta mucho dinero. (Pág. 103)

varios Es más de uno. (Pág. 50)

varita Se puede llamar también "varita mágica", y es una especie de palito que se usa para hacer trucos de magia. (Pág. 19)

vaso Es un cacharro de cristal, de plástico, de metal..., que tiene una forma y un tamaño apropiados para sujetarlo con la mano, y lo usamos para beber el líquido que tienen dentro. (Pág. 46)

vecino, vecina Son las personas que viven en la misma casa, pero en distinto piso o vivienda. Si vivimos en una casa baja, nuestros vecinos son los que viven más cerca de nosotros. (Pág. 18)

vegetación Es el conjunto de vegetales que hay en un lugar. (Pág. 149)

vegetales Los vegetales son las plantas. (Pág. 82)

vehículo Es cualquier máquina que sirve para transportar algo o a alguien. (Pág. 68)

vela (Pág. 60) Es una barra de cera, con una mecha por dentro, que se enciende para dar luz.

vela (Pág. 108) Es una pieza de tela fuerte que recoge el viento para que se mueva un barco.

veleta Es una pieza de metal que da vueltas según le da el viento. Se pone en lo alto de algunos edificios y sirve para saber de qué lado viene el viento. (Pág. 122)

velocidad Hacer algo a mucha velocidad es hacerlo deprisa y en poco tiempo. Hacer algo a poca velocidad es hacerlo despacio. (Pág. 111)

veloz, veloces Decimos que alguien o algo es veloz cuando hace las cosas deprisa o corre a mucha velocidad. (Pág. 116)

venda Es una tira de gasa o de tela que sirve para envolver una herida. (Pág. 101)

vendedor, vendedora Son las personas que venden algo. (Pág. 92)

vender Es dar una cosa a cambio de dinero. (Pág. 99)

veneno Es cualquier sustancia que produce una enfermedad y que puede llegar a matar a alguien. (Pág. 68)

ventana Las paredes de los edificios tienen huecos para que entre luz y aire. Eso son las ventanas, que tienen una especie de puertas de cristal y metal, para poder abrirlas y cerrarlas. (Págs. 42 y 132)

ventanal Es una ventana grande. A veces puede ocupar toda una pared. (Pág. 34)

ventanilla Es la ventana de un vehículo, como un coche, un tren... (Pág. 115)

ventilador Es un aparato que mueve el aire para que notemos menos calor. (Pág. 130)

ver Es notar con los ojos las cosas que nos rodean. (Págs. 37 y 139)

veraneante Es una persona que está veraneando. (Pág. 162)

veranear Es ir a pasar las vacaciones de verano a un sitio distinto de donde se vive todo el año. (Págs. 23 y 165)

veraneo Es el tiempo que pasamos veraneando y las cosas que hacemos en ese tiempo. (Págs. 27 y 162)

verano Es la estación más calurosa del año. Es cuando nos dan las vacaciones más largas, y va después de la primavera y antes del otoño. (Pág. 161)

verbena Es una fiesta con música que se celebra por la noche al aire libre. (Pág. 114)

verdad (de verdad) Una cosa es de verdad cuando existe, cuando no nos la estamos imaginando. (Pág. 137)

verde Es el color de la hierba fresca. El verde se hace mezclando el amarillo y el azul. (Pág. 146)

verdura Las verduras son plantas que

se cultivan en una huerta. Suelen ser de color verde. (Pág. 98)

vestido Es una prenda de vestir que usan las niñas y las mujeres, y que es entero, o sea, que tiene unidas la parte de la blusa y la de la falda. (Pág. 27)

vestirse Es ponerse la ropa. (Págs. 25, 43 y 155)

vez (a veces) Algo pasa a veces cuando no pasa siempre, sino sólo en algunas ocasiones. (Pág. 20)

vía Es el camino, hecho con tiras de hierro, por donde rueda el tren. (Pág. 93)

viajar Es ir a otro lugar en coche, en tren, en autocar, en avión... (Pág. 87)

viaje Es lo que hacemos cuando viajamos: un viaje. (Pág. 113)

viajero, viajera Personas que están viajando. (Pág. 116)

vida La vida de cualquier ser es el tiempo que está vivo, hasta que muere. (Págs. 95 y 145)

viento Hace viento cuando se mueve el aire. (Pág. 132)

vigilante Es una persona que se encarga de vigilar y de cuidar que no pase nada malo. (Pág. 94)

vinagre Es un líquido agrio que se saca del vino, y que se usa para echar en las ensaladas y en otras comidas. (Pág. 100)

vino Es una bebida que se saca del zumo de las uvas. (Pág. 82)

viña Es un terreno lleno de vides, que son las plantas que producen uvas. (Pág. 151)

violeta Es una planta que da unas flores que también se llaman violetas. Es pequeña, sus flores son de color morado y tiene un olor suave. (Pág. 147)

violín Es un instrumento musical con cuatro cuerdas que suenan cuando se las roza con un arco especial. (Pág. 55)

visita Es lo que se hace cuando se va a visitar a alguien: ir de visita. (Pág. 38)

visitar Es ir a ver a alguien a su casa, a la clínica, a un hotel... También pueden visitarse pueblos, ciudades, países... (Págs. 66 y 161)

vista La vista es el sentido que nos permite notar y distinguir con los ojos lo que nos rodea. (Pág. 107)

viudo, viuda Una persona se queda viuda cuando muere su esposa o su esposo. (Pág. 9)

vivir Es estar vivos, tener vida. Lo contrario es morir. (Pág. 54)

vivir en un lugar Vivimos en el pueblo o en la ciudad donde tenemos nuestra casa, nuestro colegio... (Pág. 161)

volante En un coche, en un autobús, en un camión..., es esa rueda que se sujeta con las manos para conducirlos. (Pág. 118)

volar Es sostenerse en el aire con las alas. Vuelan los animales que tienen alas: las aves, los insectos y algún mamífero, como los murciélagos. También pueden volar aparatos, como los aviones. (Pág. 143)

voltereta Dar una voltereta es dar una vuelta rápida en el aire. Cuando la vuelta se da de lado, se llama voltereta lateral. (Pág. 52)

volver Es ir otra vez a donde estábamos antes. (Pág. 15)

voz, voces La voz es el sonido que hace el aire de nuestros pulmones cuando sale por la garganta y la boca. (Pág. 142)

vuelta Cuando vamos a un lugar, lo que hacemos se llama "ida" y, cuando volvemos de ese lugar, lo que hacemos se llama "vuelta". (Pág. 115)

Y y

ya Decimos que "ya" ha ocurrido algo, en el momento en que ocurre. (Pág. 19)

yate Es una embarcación que se usa para hacer deportes o para pasear y divertirse en el agua. (Pág. 23)

yegua Las yeguas son las hembras de los caballos. (Busca **caballo**)

yema Es la parte amarilla de los huevos, que está dentro de otra parte blanca que se llama clara. (Busca **huevo**)

yerba Es lo mismo que hierba. (Pág. 119)

yogur Es un alimento un poco agrio que se hace con leche y que es bueno para la salud. (Pág. 84)

Z z

zanahoria Es una planta de la que aprovechamos su raíz, que es de color naranja, como alimento. (Pág. 133)

zapatillas Son un calzado cómodo, para estar en casa. Hay otras que se usan para hacer deporte, y suelen llevar cordones. (Pág. 27)

zapatos Son una clase de calzado que cubre sólo el pie. Son fuertes y se usan para salir a la calle. (Pág. 27)

¡zas! Decimos esta expresión cuando algo sucede en un momento, rápidamente. (Pág. 140)

zoológico Parque donde viven muchas clases de animales, para que pueda ir a visitarlos quien quiera. (Pág. 38)

zumo Significa igual que "jugo", y es el líquido que sale de la fruta y otras plantas. (Pág. 100)

Índice